Literatura
nos jornais

Dados Internacionais de Catalogação na Publicação (CIP)
(Câmara Brasileira do Livro, SP, Brasil)

Nina, Cláudia
  Literatura nos jornais : A crítica literária dos rodapés às resenhas / Cláudia Nina. – São Paulo : Summus, 2007.

  Bibliografia.
  ISBN 978-85-323-0371-4

  1. Crítica literária 2. Jornais – Seções, colunas etc. – Resenhas 3. Jornalismo e literatura I. Título.

07-2722   CDD-801.95

Índice para catálogo sistemático:

1. Crítica literária nos jornais : Literatura   801.95

Compre em lugar de fotocopiar.
Cada real que você dá por um livro recompensa seus autores
e os convida a produzir mais sobre o tema;
incentiva seus editores a encomendar, traduzir e publicar
outras obras sobre o assunto;
e paga aos livreiros por estocar e levar até você livros
para sua informação e seu entretenimento.
Cada real que você dá pela fotocópia não autorizada de um livro
financia um crime
e ajuda a matar a produção intelectual de seu país.

Cláudia Nina

Literatura nos jornais

A crítica literária dos rodapés às resenhas

summus
editorial

LITERATURA NOS JORNAIS
A crítica literária dos rodapés às resenhas
Copyright © 2007 by Cláudia Nina
Direitos desta edição reservados por Summus Editorial

Editora executiva: **Soraia Bini Cury**
Assistentes editoriais: **Bibiana Leme e Martha Lopes**
Capa: **Gabrielly Silva**
Projeto gráfico e diagramação: **Acqua Estúdio Gráfico**

Summus Editorial
Departamento editorial:
Rua Itapicuru, 613 – 7º andar
05006-000 – São Paulo – SP
Fone: (11) 3872-3322
Fax: (11) 3872-7476
http://www.summus.com.br
e-mail: summus@summus.com.br

Atendimento ao consumidor:
Summus Editorial
Fone: (11) 3865-9890

Vendas por atacado:
Fone: (11) 3873-8638
Fax: (11) 3873-7085
e-mail: vendas@summus.com.br

Impresso no Brasil

Sumário

Prefácio 7
Introdução 11

1. Jornalismo e literatura 17
   A crítica nascente e seus cacoetes 21
   A crítica de rodapé e seus detratores 23
   A crítica de hoje e suas querelas 28
   Entre a intuição e a teoria: "a crítica viva" 33
   O esvaziamento das polêmicas 36

2. A resenha: definições, tropeços e armadilhas .. 41
   Separando o joio do trigo 43
   Ler é reler 46

Palavra puxa palavra.. 53
Em tudo, medida e equilíbrio............................. 55
No caminho das pedras, os tropeços................. 57
O ponto-a-ponto das resenhas: um resumo....... 59

3. BREVE RETRATO DOS CADERNOS LITERÁRIOS 63
Clareza e profundidade:
o *Idéias & Livros* do *Jornal do Brasil*............... 66
O *Mais!* Mais tarde eu leio?.............................. 70
Muita prosa e pouco verso................................ 72

À guisa de uma conclusão 75
Bibliografia.. 79

Prefácio

A teoria e a prática: uma ponte

A incompatibilidade entre teoria e prática talvez seja um dos lugares-comuns mais persistentes em nossa cultura. É como se a preocupação com o conceito implicasse a ruína da vocação, como se o gosto pela reflexão necessariamente denunciasse um ostensivo desprezo às regras de determinado ofício.

Ora, essa pretensa incompatibilidade não resiste ao menor exame. Por exemplo, à leitura deste novo livro da jornalista, ensaísta e professora universitária Cláudia Nina.

Vale frisar a múltipla inserção da autora e de seus ofícios. A importante reflexão aqui desenvolvida teve como origem a criação de uma produtiva ponte entre a sala de aula e o público leitor, entre a cátedra universitária e a redação de jornal.

Após ministrar um curso de jornalismo na PUC-Rio, Cláudia Nina obteve uma bolsa de pós-doutoramento da Capes, para desenvolver uma pesquisa acadêmica sobre a crítica literária contemporânea, com especial ênfase na crítica publicada em jornal. O resultado de sua investigação pode ser apreciado neste livro.

Ademais, a vivência adquirida como editora do *Idéias & Livros*, do *Jornal do Brasil*, permitiu à autora reunir com rara felicidade teoria e prática, reflexão e ofício. Além de editar o suplemento, Cláudia Nina assinou uma coluna, "Rodapé", na qual oferecia uma experiência rara: discutir com os leitores as entranhas de sua produção. Tal instância autocrítica é uma marca do trabalho da autora.

Em outras palavras, o leitor deste livro encontrará muito mais do que um "manual" de escrita de resenhas e, ao mesmo tempo, descobrirá autênticos segredos de bastidores. Mas como é possível reunir reflexão aguda, análise histórica pertinente e indispensáveis sugestões de ordem prática? Simples: Cláudia Nina sempre soube que teoria e prática devem caminhar juntas; afinal, não é verdade que os opostos se atraem?

Portanto, *Literatura nos jornais – A crítica literária dos rodapés às resenhas* é um livro único. Esperemos que as resenhas que serão publicadas saibam reconhecer seu valor.

João Cezar de Castro Rocha
Professor de Literatura Comparada na
Universidade Estadual do Rio de Janeiro (Uerj)

Introdução

> Vale a pena deter-se um minuto na lógica do "suplemento". Complemento é parte de um todo, o todo está incompleto se falta o complemento. Suplemento é algo que se acrescenta a um todo. [...] A literatura [...] passou a ser esse algo a mais que fortalece semanalmente os jornais através de matérias de peso, imaginosas, opinativas, críticas, tentando motivar o leitor apressado dos dias da semana a preencher o lazer do *weekend* de maneira inteligente.
>
> *Silviano Santiago* (1993, p. 14)

Este livro surgiu em sala de aula, na Faculdade de Comunicação da PUC-RJ, na disciplina "Como escrever, produzir e editar um suplemento literário". A proposta era levar aos estudantes técnicas para escrever textos voltados a um público segmentado, despertando neles o gosto pela crítica e o exercício de uma leitura armada e investigativa. Ao final do semestre, propus publicar um suplemento que seria escrito, produzido e editado pelos alunos, o que efetivamente ocorreu: em dezembro, encartado no *Jornal da* PUC, saía o *Traça Leituras da* PUC. O caderno acabou virando um *site* – o *Traça On-line* (www.tracaonline.com.br). A iniciativa de dar vida longa ao trabalho, por meio da versão *on-line*, partiu das próprias turmas.

Primeiro dia de aula, sala lotada: os alunos diziam estar ali para "aprender a escrever". Curioso, pois a maioria iria se formar em seis meses. Como tinham passado uma faculdade inteira sem terem aprendido a escrever? A queixa dos alunos não se referia às matérias jornalísticas, que haviam aprendido a fazer como uma receita de bolo. Responder com objetividade às questões "o que/quem/quando/onde/por quê" eles sabiam. A maioria, imagino, já dominava a técnica de produzir textos enxutos para jornais diários. Faltava-lhes apenas o exercício da prática, o que somente o mercado poderia proporcionar. O "arroz com feijão", portanto, eles sabiam. Queriam ir além.

As resenhas seriam as provas finais do curso. Os alunos deveriam escolher uma obra literária de que mais gostassem, fazer uma leitura cuidadosa e depois produzir um texto crítico. Ao saber disso, desesperaram-se. Não encontravam uma bibliografia básica que pudesse ensiná-los o caminho das pedras. De fato, a queixa dos estudantes de comunicação é uma angústia compartilhada por alunos de diversos cursos. Resenha é um bicho-de-sete-cabeças que poucos aprendem a enfrentar. Isso vale não apenas para alunos; muitos professores também não têm esse conhecimento e ficam sem condições de ensinar.

Fazer uma resenha é uma tarefa que inclui desde a interpretação da obra em questão até a capacidade de resumir idéias e concatená-las, organizando as palavras de forma atraente. Trata-se de um exercício que enriquece a bagagem intelectual de qualquer profissional, seja de que área for. Escrever um texto e começar a praticar, mesmo que esse não seja para publicação, vale a pena.

O jornalismo cultural exerce grande fascínio nos estudantes de comunicação, principalmente naqueles que se entediam com os fatos. Trabalhar no que se chama de "primeiro caderno", ou seja, nas editorias que são o carro-chefe de um jornal, como Cidade, Política e Economia, exige do jornalista um alto grau de concentração na realidade, a fim de que possa apurar com isenção os fatos e transformá-los em matéria jornalística. O texto deve ser, antes de tudo, conciso, claro e objetivo. Não há espaço para divagações nem digressões.

Tal armadura é por demais incômoda para quem gosta de escrever sobre cultura. Há inúmeros recém-formados que deságuam no mercado profundamente aborrecidos por terem de passar pelo árduo estágio – parada obrigatória – nas editorias dos fatos. Só depois de algum tempo é que podem sonhar em escolher uma vaga nas editorias menos presas ao cotidiano, como os suplementos culturais.

Mas é preciso ter cuidado. Não é porque se está no terreno dos "segundos cadernos" que se pode escrever sobre tudo, afrouxar por completo a armadura do texto e virar escritor dentro de um jornal. Como veremos a seguir, toda resenha crítica, uma vez produzida para ser publicada em jornal, precisa obedecer a alguns critérios, digamos, jornalísticos. Clareza, concisão e objetividade continuam sendo imprescindíveis.

Isso vale para qualquer texto publicado em qualquer editoria, seja ele escrito por um jornalista, um sociólogo, ou um professor de Teoria Literária. Afinal, quando não se está respirando no ambiente do livro, em que imperam outras regras, o excesso de digressões, o vocabulário rebuscado, o beletrismo e a redundância são erros fatais.

Há quem ache que, para exibir cultura e conhecimento, precisa inundar o texto de complicados arranjos verbais e de jargões acadêmicos, o que definitivamente não combina com nenhuma editoria. Não se deve esquecer de que os suplementos culturais e literários, embora dirigidos para um segmento, são também lidos por um público mais amplo e diversificado: o dos leitores de livros.

Nas páginas que seguem buscaremos entender esse processo – em teoria e prática. Na primeira parte, serão discutidas as relações históricas entre jornalismo e literatura – duas áreas do saber que sempre estiveram interligadas –, incluindo uma breve análise sobre os antigos rodapés (os ancestrais da resenha) e a divisão da crítica na atualidade, que se reparte basicamente em críticos-jornalistas e críticos-acadêmicos, não excluindo os críticos-escritores.

Na parte prática, estão alguns dos passos fundamentais para a produção de um texto crítico, que começa sempre com a leitura bem-feita da obra a ser trabalhada, entendendo-se que criticar um livro nunca é falar *apenas* de um livro, pois toda obra está em conexão com outras tantas. Aprender a dispor as idéias no papel com precisão e clareza é necessidade de todos num mundo em que os *e-mails* fizeram da expressão escrita uma espécie de cartão de visitas, espelhando indisfarçáveis fragilidades verbais. As resenhas podem auxiliar, e muito, neste processo. Que este livro não seja um manual, enfadonho por natureza, mas um curso, um seminário ou uma conversa, que são coisas muito mais sedutoras.

1

Jornalismo e literatura

A simbiose entre literatura e jornalismo é antiga. Grandes escritores brasileiros tiveram passagem pela imprensa, foram críticos ou cronistas antes de se tornar ficcionistas. Machado de Assis é um desses casos. Ele afinou a pena nas páginas dos jornais, e o exercício diário da escrita moldou os contornos da sua ficção. Se a influência foi para o bem ou para o mal, isso já é outra questão. O que se observa por ora é o diálogo estabelecido entre uma atividade e outra, mesmo que o próprio autor não se dê conta disso num primeiro momento.

Clarice Lispector é outro bom exemplo. Desde que começou a escrever crônicas semanais – tinha uma coluna no *Caderno B*, do *Jornal do Brasil* –, a dicção de sua literatura tornou-se mais pessoal, mais conectada com os leitores. Na coletânea *A descoberta do mundo*, que reúne parte desses escritos, Clarice confessou:

> [...] basta eu saber que estou escrevendo para jornal, isto é, para algo aberto facilmente por todo o mundo, e não para um livro, que só é aberto por quem realmente quer, para que, sem mesmo sentir, o modo de escrever se transforme. [...] E outra coisa: nos meus livros quero profundamente a comunicação profunda comigo e com o leitor. Aqui no jornal falo apenas com o leitor e agrada-me que ele fique agradado. (LISPECTOR, 1992, p. 112)

Contemporaneamente a interação entre literatura e jornalismo se repete: basta ver o grande número de ficcionistas que integram a imprensa, tais como João Ubaldo Ribeiro, Luis Fernando Verissimo, Carlos Heitor Cony, Moacyr Scliar, entre muitos outros. Scliar, aliás, fez uma interessante reflexão sobre o tema, analisando as confluências entre o texto de livro e o texto de jornal:

> Não sou mais o escritor que eu era quando me tornei colaborador de jornais. O que mudou? Várias coisas. Em

primeiro lugar, aprendi a escrever de forma sistemática, com ou sem "inspiração", que é uma coisa que às vezes some por muito tempo, deixando o escritor frustrado. Na verdade, o jeito de caçar a inspiração é escrevendo. Palavra puxa palavra, frase puxa frase e de repente lá está a idéia, à nossa espera. A segunda coisa que aprendi foi ser objetivo. No passado, os escritores se deixavam arrastar pelo texto, que não raro se tornava caudaloso, fazendo com que o autor simplesmente esquecesse de onde vinha e para onde ia. (SCLIAR, 2002, p. 13)

De fato, os literatos do passado dominavam os diários com excessos beletristas. Isso, em parte, se explica: ainda não havia jornalistas formados nem regras a seguir. A imprensa do início do século XIX foi toda marcada pela atuação de escritores que, naturalmente, aproximavam a linguagem do livro à linguagem do jornal. Literatura e jornalismo se confundiam tanto que, basta lembrar, várias obras clássicas nasceram nos jornais, na forma dos folhetins, como foi o caso da produção de José de Alencar e do próprio Machado de Assis.

O espaço reservado à literatura, naturalmente, era maior do que o existente hoje, quando a "desliteraturização" do jornal (SANTIAGO, 1993, p. 12), para usar um termo de Silviano Santiago, é uma realidade inconteste. Isabel Travancas, em O *livro no jornal*, observa:

> [...] o jornal se tornou menos opinativo e mais informativo, gerando um empobrecimento do lugar na literatura; [...] Não é mais como antigamente quando a literatura fazia parte dos jornais, sendo a *pièce de résistence* de alguns veículos. A linguagem dos primórdios do jornalismo também foi bastante influenciada pela literatura até ir se afastando dela, se definindo melhor e se diferenciando, passando a apresentar um estilo mais objetivo, mais conciso e mais claro. (TRAVANCAS, 2000, p. 43)

E quanto à crítica literária? Como ela surgiu, desenvolveu-se e se tornou o que se vê atualmente em jornais e revistas? As primeiras críticas literárias publicadas na imprensa distanciavam-se dos textos jornalísticos produzidos a partir do momento em que o jornalismo criou as próprias regras, os códigos e se estabeleceu como profissão. Para compreender o desenvolvimento da atividade crítica ao longo do tempo até a contemporaneidade, uma perspectiva histórica remonta ao cenário da imprensa do século XIX e ao espaço reservado para os comentários sobre a literatura da época.

A crítica nascente e seus cacoetes

A crítica literária nasceu, como na França, na imprensa. Um bom apanhado do que foi a crítica do século XIX está no livro de Ubiratan Machado, *A vida literária no Brasil durante o romantismo*, em que há exemplos hilários de como o excesso verbal, espécie de cacoete da época, dominava as páginas dos jornais. As frases eram poéticas, tais como: "[...] turíbulo perfume do céu, cantos inocentes como o balbuciar das criancinhas, singelos como estas flores singelas de nossos campos", publicada em página do *A Marmota*, em 1861 (MACHADO, 2001, p. 230).

O uso do trocadilho também era comum, como se vê neste trecho que noticiava a estréia da peça de Joaquim Manuel de Macedo, *Lusbela*, em artigo assinado por Faustino Xavier de Novaes e publicado no jornal *O futuro*, de 1862: "Eu creio piamente que na Lusbela há de refletir a bela luz do talento do autor" (MACHADO, 2001, p. 230).

A ação entre amigos – e inimigos – era uma constante. Elogiar livros de colegas ou, por outra, destruir a obra dos desafetos mostrava o quão parciais e inexperientes eram os críticos de então, que viam os jornais como uma arena em que expunham suas rixas pessoais por meio da palavra, usando-a como arma. A agressividade não era incomum.

Exemplo disso foi a série de críticas publicadas por Bernardo Guimarães no jornal *Atualidade*, no Rio, entre os anos 1859 e 1860. Esquecido da relatividade do julgamento crítico, Guimarães destrói a obra *Sátiras, epigramas e outras poesias*, do padre Correia de Almeida, ao escrever: "Se a vulgaridade da idéia, a sordidez do pensamento, se a trivialidade dos conceitos, a insipidez e a dissonância do verso fossem os grandes dotes do cultor das musas, o Sr. Padre Correia seria o maior poeta do mundo" (MACHADO, 2001, p. 232).

Um escritor dessa época que jamais rendeu-se ao insulto, embora tenha sido bastante polêmico, foi Machado de Assis, autor do texto breve, mas importante e atual, "O ideal do crítico", em que analisa a conduta de um crítico literário meticulosamente. Machado escreve:

> Outra, entretanto, deve ser a marcha do crítico; longe de resumir em duas linhas, – cujas frases já o tipógrafo as tem feitas, – o julgamento de uma obra, cumpre-lhe meditar profundamente sobre ela, procurar-lhe o sentido íntimo, aplicar-lhe as leis poéticas, ver enfim até que ponto a imaginação e a verdade conferenciaram para aquela produção. [...] Crítica é análise – a crítica que não anali-

sa é a mais cômoda, mas não pode pretender a ser fecunda. [...] Para que a crítica seja mestra, é preciso que seja imparcial, – armada contra a insuficiência dos seus amigos, solícita pelo mérito dos seus adversários [...]. (Assis, 1962, p. 798)

Essa volta ao tempo é oportuna. Sobretudo quando se descobre que a prática do elogio fácil e da "ação entre amigos", infelizmente, continua a existir. Contudo, muita coisa mudou do século XIX ao XXI. No meio do caminho, entre a crítica surgida com os escritores que comentavam as obras e a crítica multifacetada e multidisciplinar de hoje, existiram os rodapés – importante capítulo nessa história que merece também uma revisão.

A crítica de rodapé e seus detratores

No século XX, a imprensa alargou o espaço para a chamada "crítica de rodapé". O gênero era denominado assim, pejorativamente, por aqueles que vieram depois a destroná-lo. Era praticado pelos chamados "homens de letras", como Álvaro Lins, redator-chefe do *Correio da Manhã* e colaborador assíduo do *Diário de Notícias*.

Situado entre a crônica e o noticiário, o rodapé era assinado por intelectuais, que, a exemplo de Lins, cultivavam a eloqüência e a erudição com o intuito de convencer rapidamente os leitores num tom subjetivo e personalista. Álvaro Lins atuava num cenário extremamente fértil para as letras brasileiras, pois, nas décadas seguintes ao modernismo, brindava-se o surgimento de autores novos, como Clarice Lispector, com *Perto do coração selvagem*, de 1944, e Guimarães Rosa, com *Sagarana*, de 1946. Ambas as estréias foram analisadas por Lins em suas crônicas, que costumavam influenciar enormemente o gosto do público. O tom da crítica, porém, não era muito diferente do usual no início dos 1900. Sem o respaldo de teorias – afinal, ainda não havia faculdade de Letras nem teóricos da disciplina –, os textos ficavam entre o ensaístico e o professoral e eram carregados de digressões.

Importante fazer aqui um parêntese para que se entenda o que é a crítica impressionista. A palavra impressionista surgiu quase simultaneamente às artes plásticas e passou a ser sinônimo de diletantismo, ou seja, da prática de uma arte ou ofício de forma amadora, sem levar em conta normas de ordem intelectual. Nesse caso, refere-se a textos que apenas justificam um gosto, sem preocupações teóricas. Não se pode, entretanto, desprezar esse tipo de crítica e considerá-la inválida só pelo fato de não ser acadêmica. Não foram poucos os excelentes críticos impressionistas, a exemplo de Ronald de Carvalho, Sérgio Buarque de Holanda e Sérgio Milliet, autores de textos saborosos que anunciaram nomes promissores da literatura brasileira.

A partir de fins dos anos 1940, o impressionismo crítico passou a ser combatido pelo professor Afrânio Coutinho, autor da seção "Correntes Cruzadas", publicada no suplemento literário do *Diário de Notícias*, ininterruptamente, de 1948 a 1966. Recém-chegado dos Estados Unidos, onde assistiu aulas nas universidades de Columbia e Yale, além de ter sido redator-secretário da revista *Reader's Digest*, ele retornou ao Brasil influenciado pela nova tendência da teoria literária divulgada sobretudo por René Wellek. Coutinho levantou a bandeira de uma metodologia de análise, impondo aos críticos a necessidade de incorporar uma investigação da literatura próxima à atividade científica contra o que chamava de "amadorismo" dos autores de rodapé.

Ocorre que, no cenário em que imperava o rodapé, a partir do início dos anos 1940, começaram a surgir no país as primeiras turmas formadas nas faculdades de Letras e, com elas, os *scholars,* que tomavam para si o direito de escrever as críticas, pois se consideravam mais preparados para a atividade. Iniciava-se, então, um duelo entre os que praticavam a crítica autodidata e os que tentavam usurpar o domínio das páginas, exercendo o que Afrânio Coutinho defendia como "crítica estética". Os recém-chegados críticos-*scholars* foram colocando os impressionistas em desconforto. Enquanto isso, pouco a pouco, os editores dos suplementos eliminavam os rodapés dos jornais e privilegiavam textos mais curtos, menos digressivos e mais objetivos.

Muita coisa aconteceu a partir daí. Se por um lado houve a separação entre *scholars* e autodidatas, por outro, o jornalismo organizou-se como profissão. As duas atividades – literatura e jornalismo – afastaram-se à medida que as técnicas jornalísticas foram criadas. O texto jornalístico ganhava seus próprios códigos.

No cenário das universidades, já nos anos 1960, a crítica literária, inchada de teoria, especializou-se cada vez mais. Com isso, os profissionais da imprensa viram nos jargões acadêmicos uma linguagem excessivamente hermética para o público de jornal. Os teóricos, por sua vez, fechavam-se nas salas de aula, dialogando apenas com seus pares. Os acadêmicos encastelaram-se nas universidades. Era também um momento político delicado em que os intelectuais se retraíram, muitos acuados pela censura.

Nos anos 1970 e 1980, entraram em cena os *releases* produzidos pelas assessorias de imprensa, o que facilitaria – para o bem ou para o mal – o trabalho dos jornalistas-críticos, que passam a dar à crítica um tratamento mais superficial se comparado ao texto dos especialistas, voltando-se para os lançamentos do mercado editorial.

Na contemporaneidade, os acadêmicos voltam a cobiçar o espaço dos suplementos literários, nos quais encontram a oportunidade de estabelecer diálogo com os leitores para além dos domínios da universidade. No entanto, para que os acadêmicos possam participar da crítica produzida para jornais, precisam abrir mão dos jargões especializados e se adaptar às regras do jornalismo moderno, que são: objetividade, concisão e clareza.

Cria-se, então, uma curiosa estrutura em quiasmo: enquanto nas universidades os professores elaboram e especializam cada vez mais os discursos, nos meios de comunicação simplifica-se a linguagem escrita ao gosto do jornalismo moderno.

Quais seriam os espaços literários disponíveis hoje no Brasil e como os suplementos literários poderiam melhor organizar sua estrutura interna na tentativa de conciliar a presença dos textos assinados por *scholars* e a necessidade de textos adaptados à lógica do discurso jornalístico? Seria possível tal aproximação incrementar o diálogo acadêmico, evitando que ele se transforme num monólogo, distante do público que não circula pelas universidades e obviamente desconhece seus jargões?

A seguir, veremos que outros duelos e conflitos se estabelecem na crítica contemporânea. Veremos também alternativas para alguns impasses.

A crítica de hoje e suas querelas

Para a professora Leda Tenório da Motta, autora de *Sobre a crítica literária brasileira no último meio século*: "o crítico literário brasileiro moderno sai desse cadinho em que se fundem os cronistas e os especialistas, os conceituais e os impressionistas, os amadores e os profissionais, os técnicos e os desarmados... como uma figura mutante" (MOTTA, 2002, p. 193).

Na prática, a crítica encontra-se dividida. Há, basicamente, dois tipos de texto: um mais técnico, produzido por acadêmicos de diversas áreas (sociólogos, historiadores, antropólogos, professores de literatura), que voltam às páginas dos suplementos na tentativa de escoar sua produção intelectual num ambiente extra-acadêmico, escrevendo textos ensaísticos; outro livre de jargões, assinado por jornalistas que, muitas vezes, não têm nenhuma especialização na área. São dois mundos distantes, pois revelam formas diferentes de perceber as obras e de transmitir essa percepção aos leitores.

Enquanto os pesquisadores das universidades mergulham fundo nas obras e nos autores canônicos, os jornalistas ou resenhistas, seja por falta de tempo, preparo ou espaço, fazem vôos rasantes. Os jornalistas são, portanto, acusados de esvaziarem o conteúdo mais substancioso da crítica e de estarem comprometidos com o aspecto comercial das edições. Escreve-se sempre sobre os lançamentos mais recentes. Livro lançado há mais de seis meses, para um editor de suplemento, é considerado velho. Mais à frente, veremos o que acontece nos bastidores da edição de um caderno literário e como se processa a difícil escolha de um livro a ser resenhado.

Quanto ao esvaziamento da crítica nos jornais da atualidade, o crítico Luiz Costa Lima defende a idéia de que a verdadeira crítica literária permanece em livros e revistas que circulam pouco. Em um artigo intitulado "O que chamamos de crítica literária", ele escreve:

> A crítica supõe a tentativa de dar a compreender a novidade ou a mesmice de algo que chama texto literário. [...]

Sua função primeira, raramente exercida, seria a de funcionar como intérprete; intérprete que expõe uma textura gasta – conte ela ou não com seu endosso – ou uma nova, qualquer que seja seu grau de entendimento. Obviamente, não é isso que nos mostra a maioria dos que resenham em suplementos e revistas 'de cultura'. Por quê? Tanto porque são contribuições mal pagas, como porque se alega que o público não tem tempo para coisas complicadas. (COSTA LIMA, 2003, p. 42)

Nelson de Oliveira, num artigo publicado no *Idéias & Livros* do *JB*, intitulado "Uma cajadada no cocoruto da crítica", retoma o "duelo" acadêmicos *versus* jornalistas:

A crítica literária brasileira está em crise. [...] O mais preocupante é que essa nova crise é diferente da crise mais antiga, provocada pela falta de empatia e sincronia entre duas hermenêuticas bastante temperamentais: a da crítica universitária e a da crítica jornalística. A verticalidade das teses acadêmicas, ruminadas ao longo de meses ou anos, e a horizontalidade das resenhas jornalísticas, noticiando em primeira mão os momentos mais promissores do mundo editorial, ainda não deram à luz o híbrido conciliador. (OLIVEIRA, 2005, p. 1)

Há, portanto, inúmeras arestas a serem lapidadas quanto à questão da crítica literária no Brasil. Vários conflitos esperam por uma conciliação, principalmente no que toca ao duelo resenha acadêmica *versus* resenha jornalística. Recorrendo às reflexões do escritor Nelson de Oliveira, em *Verdades provisórias*, observa-se que existe um abismo entre uma atividade e outra:

> A crítica literária erudita, levada a cabo nas universidades, é vista pelos jornalistas e pelos leitores como a Crítica Literária, com iniciais maiúsculas, entidade monstruosa, absoluta, perene, transcendente. [...] Essa Crítica, sempre com inicial maiúscula, rica em sutilezas do pensamento, é algo que está muito distante do cotidiano, do leitor comum. É algo que, com freqüência, não chega a interessar nem mesmo aos escritores. É a crítica dos críticos, produzida e consumida apenas por eles. É claro que vez ou outra ela espertamente assimila elementos de sua prima pobre, impressa em papel jornal. Mas o faz da mesma maneira que a arte erudita costuma absorver elementos da cultura popular: descaracterizando-os, recobrindo-os de aura. (OLIVEIRA, 2003, p. 39)

Mas todo acadêmico escreve profundidades inacessíveis? A crítica com inicial maiúscula é privilégio dos *scholars*? Essa mesma crítica é sempre difícil? Apostar nisso talvez seja incorrer no mesmo erro de creditar toda a culpa do esvaziamento crítico ao despreparo dos jornalistas. Sobre esse assunto, a professora de literatura da PUC, Vera Follain, numa entrevista concedida ao *Traça On-line*, defende um interessante ponto de vista:

> Antonio Candido e Silviano Santiago são exemplos de acadêmicos com textos excelentes e bem claros. Escrever de maneira obscura, tanto para os jornalistas quanto para os acadêmicos, é sintoma de não dominar o assunto. Muitas vezes, o jornalista foge do impasse, optando por um texto que não diga nada. Afinal, se não há compromisso com o desenvolvimento de idéias, não se corre o risco de ser obscuro. Os acadêmicos, muitas vezes, não digerem bem as teorias lidas e, ao mesmo tempo, se sentem obrigados a ler tudo que sai de novo, achando que assim estão atualizados. O mundo acadêmico tem modismos e quem tenta seguir a moda não tem tempo de amadurecer o que pensa sobre cada teoria. (www.tracaonline.com.br)

Por outro lado, os jornalistas, mesmo os especializados, ou seja, aqueles que se lançaram num mestrado ou num doutorado em Letras, ou em qualquer área afim, não têm a obrigação de escrever textos à semelhança de uma resenha acadêmica ou de um capítulo de livro, por exemplo. No entanto, também não se deve esvaziar *toda* a teoria em prol de um texto fácil demais que seja puramente impressionista. Com ou sem teoria, o compromisso com a clareza das idéias é uma obrigação, como enfatiza o professor e crítico Antonio Candido, que, em sua longa carreira de crítico militante, fez sempre questão de frisar que, entre a clareza e a profundidade, preferia a clareza.

Como resolver os paradoxos e encontrar uma alternativa para que textos reflexivos ganhem, conquistem e atraiam mais espaços na imprensa é um grande desafio para todos os que exercem a crítica.

Entre a intuição e a teoria: "a crítica viva"

No discurso jornalístico predomina a *função referencial*, pois o objetivo é construir uma mensagem com base em fatos reais. No caso dos discursos literários, predomina a função poética ou estética, em que há uma liberdade maior de criação. E o jornalismo praticado nos suplementos, como se enquadra nessas definições?

Essa é uma questão polêmica. Ao longo da história, a crítica foi vista de diferentes formas. Para alguns, como Mário de Andrade, que foi crítico durante vários anos, a atividade é, em essência, criação, arte: "A crítica é uma obra de arte, gente. A crítica é uma invenção sobre um determinado fenômeno artístico, da mesma forma que a obra de arte é uma invenção sobre um determinado fenômeno natural" (ANDRADE, 1993, p. 13).

Já para outros, como o francês Roland Barthes, a crítica ocupa um lugar intermediário entre a ciência e a leitura: a linguagem da crítica é uma linguagem segunda, isto é, uma coerência dos signos, como explica em *Crítica e verdade* (BARTHES, 1987). Uma das definições mais lúcidas e oportunas da crítica vem de Antonio Candido, em *Formação da literatura brasileira*:

> Toda crítica viva – isto é, que empenha a personalidade do crítico e intervém na sensibilidade do leitor – parte de uma impressão para chegar a um juízo. [...] Em face do texto, surgem no nosso espírito certos estados de prazer, tristeza, constatação, serenidade, reprovação, simples interesse. Estas impressões são preliminares importantes; o crítico tem de experimentá-las e deve manifestá-las, pois elas representam a dose necessária de arbítrio, que define

a sua visão pessoal. [...] Por isso, a crítica viva usa largamente a intuição, aceitando e procurando exprimir as sugestões trazidas pela leitura. (CANDIDO, 1997, p. 31)

Antonio Candido foi um dos primeiros a valorizar autores como Clarice Lispector, João Cabral de Melo Neto e Guimarães Rosa, enxergando a preciosidade desses três grandes autores, que, na época, eram quase desconhecidos. Foi um risco, sim, mas um risco calculado e baseado na boa e velha intuição. É com esse espírito que o resenhista deve dizer claramente se gostou ou não do livro, mas sem usar o tom de quem está obrigando o leitor a ler ou proibindo a leitura, como se fosse um juiz todo-poderoso detentor da verdade literária – que não existe, diga-se de passagem – querendo impingi-la ao leitor.

O grande desafio da crítica literária praticada na imprensa é, então, o de conciliar uma reflexão aprofundada sobre o tema, com objetividade e clareza – regras áureas do jornalismo –, além de incluir uma percepção intuitiva, e até impressionista, do fato literário que, no caso, é a obra. Uma dica importante é entender que as divagações são necessárias. Mas jamais deve-se perder o rumo dessas idéias e deixar que elas naveguem sem destino.

Na maioria das vezes, a obra induz o caminho a tomar. Não se pode analisar o trabalho de um autor contemporâneo, que implode a linearidade da narrativa, por exemplo, com base em um instrumental clássico. Explico: um romance como os de Balzac terá todos os elementos de uma narrativa bem posicionados – personagens, tempo e espaço definidos. Num romance não tradicional, tais fronteiras podem se dissolver e às vezes não há sequer personagens.

O crítico tem de estar preparado para compreender o alcance da obra e não destruí-la só porque não está de acordo com seus padrões de expectativa. Analistas muito rigorosos em matéria de teoria, ou muito presos a seus pontos de vista e a um irredutível gosto pessoal, acabam estreitando os horizontes de análise. É preciso que se tenha a liberdade de usar a teoria, se for o caso de uma resenha mais elaborada, como amparo e não como camisa-de-força.

O esvaziamento das polêmicas

São poucos os que se dispõem a valorizar o espaço dos cadernos literários com resenhas realmente críticas. Há muita complacência, consenso e superficialidade. Com isso, surge outro problema: o esvaziamento das polêmicas. É raro ver um crítico, seja ele jornalista ou acadêmico, criando algum tipo de discussão no ambiente intelectual e literário. A crítica está morna e acomodada. Falta o debate das idéias.

Por isso, um exemplo recente vale a pena ser comentado. O crítico Wilson Martins escreveu uma resenha condenando o livro de Daniel Piza, *Machado de Assis: um gênio brasileiro*. Os argumentos que utiliza para anular a obra são fracos do ponto de vista da teoria. Wilson Martins fala mal sem consistência teórica, embora tenha causado bastante incômodo ao autor do livro. Em contrapartida, Piza escreveu uma carta-réplica contundente que valeu pela discussão que conseguiu criar.

Não cabe aqui, pela extensão do texto, citar a crítica de Martins na íntegra. Convém, entretanto, ressaltar alguns trechos, alguns deles alvo da resposta de Piza. Neste primeiro, o autor da resenha comenta as alusões feitas aos nomes próprios utilizados em Machado:

> O autor vê referências alusivas em praticamente todos os nomes próprios, o que já foi moda universitária em outros tempos. A propósito de Brás Cubas, por exemplo, explica minuciosamente o que é uma cuba, acrescentando que "Brás" é diminutivo de brasileiro (?), mas, como paulista,

é estranho que haja esquecido o fundador da cidade de Santos. (MARTINS, 2006, p. 7)

Neste segundo trecho, vê-se o preconceito instalado na afirmação de que, sendo jornalista, Daniel Piza só poderia escrever "ao correr do computador", o que equivale a dizer que escreve sem prestar muita atenção no que faz ou talvez o faça sem uma pesquisa prévia do assunto que analisa. Diz Wilson Martins em seu artigo:

> Percebe-se que, sendo jornalista, Daniel Piza escreve ao correr do computador, como José de Alencar escrevia ao correr da pena, origem de erros materiais e contra-sensos de literatura. (MARTINS, 2006, p. 7)

Em represália, Daniel Piza escreveu a seguinte carta, transcrita aqui na íntegra:

> Wilson Martins leu com pressa ou má vontade a biografia que escrevi, *Machado de Assis: um gênio brasileiro* (Imprensa Oficial). Na semana passada, neste caderno, apontou alguns erros de revisão, já emendados na segunda edição, mas não discutiu nenhuma questão de fundo. Não que se pudesse esperar algo diferente de um crítico que considera Josué Montello o maior romancista brasilei-

ro, que nunca soube admirar o talento de João Cabral de Melo Neto e que tampouco deixou marca nos estudos machadianos. Mas a função do rodapé literário não é debater idéias? Martins opta por observações impertinentes: acha que ter um empregado negro é o mesmo que ter um escravo; não vê significado nenhum nos nomes que Machado dava a seus personagens; não sabe a importância do baile da Ilha Fiscal, presente por isso mesmo em *Esaú e Jacó*; e diz que a traição de Capitu é um "pressuposto" (sic), não uma "hipótese". Pior, confunde autor e narrador quando comenta minha observação de que Machado – e não Brás Cubas – não era avesso à idéia de ter filhos, embora a tenha recusado provavelmente por causa de suas doenças. E desde quando Rubião termina como um vencedor na vida? Martins não diz nada, por exemplo, sobre a crítica machadiana à religião, aspecto fundamental do meu livro. Está tão cansado que só viu o que lhe convinha ver. (PIZA, 2006, p. 7)

O mais interessante nessa história é a discussão gerada a partir do texto de Martins: qual é, afinal, o papel da crítica? Os suplementos deveriam abrir espaço para que os resenhistas falem mal de uma obra quando os espaços reservados à crítica já são tão exíguos? Será que o destino de um livro ruim, caso um crítico assim o qualifique, não seria o esquecimento? Eis uma antiga discussão que permanece aberta: será que, em nome dessa economia de espaço, a crítica não se tornou condescendente demais? As querelas são também necessárias. Elogios em excesso esfriam o clima da polêmica. Apontar elementos negativos em uma obra não é apenas importante como inevitável. Isso tem faltado na cena literária da contemporaneidade.

A resposta de Piza é consistente porque coloca o dedo na ferida – Wilson Martins, de fato, não tocou em nenhuma questão de fundo ao analisar o livro resenhado, apesar de ter causado burburinho. Ficou apenas margeando questões secundárias. Falhou quando priorizou o ataque. Se por um lado abriu espaço para a polêmica, por outro, errou na dose, especialmente porque tentou impingir ao leitor uma única verdade – a sua leitura particular de Machado – em detrimento das demais leituras possíveis, inclusive a de Piza.

É difícil encontrar equilíbrio crítico quando entram em cena o gosto pessoal e a necessidade de obrigar o leitor a pensar de determinada forma, sem induzi-lo a chegar às suas próprias reflexões. Na verdade, amarrar conclusões quando se trata de fazer uma resenha é limitar a compreensão de um livro. Esta lição de crítica não pode jamais ser esquecida: ninguém é juiz de nada.

2

A resenha: definições, tropeços e armadilhas

Quando se trabalha em um suplemento literário, a primeira coisa que se observa é o enorme volume de livros amontoados ao redor da mesa de quem edita o caderno. Aproximadamente cem títulos chegam à redação toda semana. Isso quando não é época de feira ou Bienal, em que esse número costuma triplicar. O que fazer com tantos livros? Como escolher os que virarão resenha, os que renderão uma entrevista com o autor e os que simplesmente serão relegados ao abandono?

O editor escolhe os prioritários com base em seus critérios de seleção – o gosto pessoal influencia, claro – e também de acordo com a linha editorial do caderno. O processo de escolha dos títulos que se tornarão resenha ou ensaio é semelhante ao de seleção dos manuscritos que se transformarão em livro. Sobretudo quando se trata de autores ainda pouco badalados. Certamente o livro mais recente de contos de Rubem Fonseca merece uma página nobre do caderno; o tiro no escuro é descobrir quais, dentre tantos autores ainda pouco conhecidos, são, de fato, boas promessas.

Os cadernos não devem abrigar apenas os canônicos, pois nenhuma literatura no mundo – e nenhuma crítica – se sustenta só com machados, clarices e gracilianos. Os suplementos precisam abrir espaço para os estreantes talentosos que montam o quebra-cabeça da literatura de hoje, mas cuja forma só se verá com base em uma perspectiva histórica. Os suplementos cumprem um importante papel nesse lento e primoroso trabalho do tempo.

Os cadernos literários refletem a pluralidade dos gêneros e as tendências que existem no mercado. Não deve, por exemplo, publicar unicamente resenhas de contemporâneos ou de autores brasileiros, esquecendo-se dos títulos estrangeiros e da revisão dos clássicos que se faz com base nos relançamentos – um ótimo pretexto para que o olhar da contemporaneidade reveja os canônicos.

Imagino que seja interessante falar mais a respeito desse processo de seleção do material a ser resenhado, pois a curiosidade é grande em torno do que acontece nos bastidores da edição de um suplemento literário, principalmente no que toca à seleção dos títulos – o primeiro passo de criação de uma resenha antes da leitura.

Separando o joio do trigo

Ao selecionar os livros que merecem ser resenhados, o editor precisa separar o joio do trigo, ou seja, destrinchar, dentro do emaranhado de lançamentos, os títulos que valem a pena ser lidos e analisados criticamente. Como o jornalismo lida com notícia e notícia é sinônimo de novidade, as publicações recentes são prioridade, pois as que já foram lançadas há mais tempo são consideradas "passadas". O tempo de envelhecimento de um livro fica a critério do editor, sem que haja, necessariamente, um prazo de validade estampado na capa de cada obra. Esta é outra questão polêmica: quando um livro "passa do tempo", a tendência é esquecê-lo. Contudo, nada impede que uma publicação, digamos, mais "antiga" possa ser resgatada quando necessário.

Muitos assessores ligam insistentemente para as redações na tentativa de vender seu peixe. Fazem certo. Como são centenas de livros e a equipe é quase sempre pequena, pérolas costumam passar desapercebidas. A um bom assessor cabe o papel de apresentar com capricho o seu produto, seja por meio de contato pessoal ou de um bem-elaborado material de divulgação.

Na maioria dos cadernos literários, os livros de autoajuda vão para a coluna de lançamentos, em que ganham pequenas notas com as suas informações básicas, enquanto os livros mais consistentes podem virar resenha ou entrevista. No caso de um lançamento muito esperado – o último livro de José Saramago ou de Chico Buarque, por exemplo – costuma-se pedir uma entrevista com o autor. Daí tem-se o formato híbrido: a resenha-entrevista.

Os livros selecionados para resenha são enviados a um colaborador ou ficam nas mãos de alguém da casa, dependendo do tema da obra. Se tratar de um assunto específico, como um estudo sobre a música clássica do século XV ou a poesia alemã do século XVIII, o livro será enviado a um colaborador que tenha um conhecimento aprofundado acerca da matéria. Isso é importante, pois não se pode exigir do jornalista uma formação tão especializada. Por outro lado, não é interessante que ele assuma uma postura generalista, abordando superficialmente assuntos que só conhece de relance. Quando se trata de um título que não requer especificidade de conhecimento, então os jornalistas do próprio caderno (ou os colaboradores que também são jornalistas) são escalados para a tarefa.

Para que a resenha seja bem-feita, um conselho é preparar uma pesquisa sobre o assunto, seja ele qual for. Fazer o dever de casa é um pré-requisito para que o resenhista não caia na armadilha de fingir conhecer a fundo um assunto que ignora – o que é uma vergonha, pois a ignorância sempre transparecerá de uma forma ou de outra.

As resenhas têm uma classificação, embora não muito rigorosa. As *resenhas-resumo* são aquelas feitas pelos assessores de imprensa, distribuídas como material de divulgação. Servem como referência para as entrevistas ou para as resenhas críticas. Nos resumos, os assessores apenas explicam o conteúdo do livro ou a história, no caso de se tratar de ficção. Falam também um pouco do autor, levantando alguns dados biográficos, as principais obras e os prêmios recebidos. Não vão além disso. Nem devem. Mesmo porque seria perda de tempo. O resenhista utiliza o material da assessoria como referência e como ponto de partida para a pesquisa sobre o autor e sua obra.

As *resenhas-ensaio* são aquelas em que o livro é apenas um pretexto para uma reflexão mais aprofundada sobre o tema abordado pela obra. Note-se: o foco não é o lançamento do livro, mas seu assunto.

Por último, tem-se a *resenha crítica*, o tema do capítulo seguinte. Seja de que tipo for, toda resenha deve começar com um primeiro passo muito bem dado: a leitura. Se a obra em questão não for lida com cuidado e integralmente, o texto esvaziado da crítica será um reflexo do desleixo inicial.

Ler é reler

Em *O prazer do texto*, Roland Barthes faz a distinção entre dois tipos de livro: os de prazer e os de fruição. Os primeiros, segundo tal classificação, pertencem à literatura mais clássica (Zola, Balzac, Dickens, Tolstói) e em geral são lidos com "avidez do conhecimento" (BARTHES, 2002, p. 17): o leitor quer encontrar rapidamente as passagens mais interessantes, deixando de lado as mais aborrecidas. O próprio Roland Barthes questiona: "Ter-se-á alguma vez lido Proust, Balzac, *Guerra e paz*, palavra por palavra?"(BARTHES, 2002, p. 17).

Em contrapartida, os textos de fruição (Barthes toma emprestado o conceito de Lacan) são os que conflitam com a linguagem, como os de vanguarda ou os modernos. São textos que não criam expectativa quanto ao desfecho nem têm como objetivo contar uma história. O leitor não deve pular trechos, pois perderá parte de um jogo feito com a linguagem. Exemplos em nossa literatura não faltam, como *Memórias sentimentais de João Miramar*, de Oswald de Andrade, ou *Água viva*, de Clarice Lispector.

O que se pretende dizer com isso é que cada livro tem a sua demanda de leitura e sua temporalidade, ou seja, seu tempo de ser lido, entendido e apreciado. Não se pode ter com uma obra de vanguarda (*Ulysses*, de James Joyce, por exemplo), a mesma relação que se tem com uma narrativa linear ou um texto sem grandes inovações. Uma história (ou anti-história) contada aos fragmentos tem de ser entendida de acordo com a sua proposta. Alguns tendem a desconsiderar, por puro preconceito, uma ficção cujo texto rompa com o esquema tradicional. Isso é um erro inicial que deve ser evitado a fim de que a leitura malfeita não prejudique o desenvolvimento da resenha.

Outra dica: é preciso que o resenhista saiba que não falará apenas de um livro, lembrando que uma leitura sempre remete à outra. Como ensina Jorge Luiz Borges, um livro guarda consigo a memória de outros livros. As obras e os autores não estão presos em gavetinhas separadas. Pelo contrário. Eles se comunicam, dialogam num jogo de referências que se chama intertextualidade. Como explica Flávio Carneiro em um dos artigos do livro *Entre o cristal e a chama*:

> Ler é reler. Quando leio, por exemplo, o "Pierre Menard", de Borges, aciono a leitura que fiz do *Quixote*, de Cervantes, e do *Amadis de Gaula*, e de outros romances de cavalaria. Leio o conto de Borges relendo tudo isso e ainda, entre outros, o *Cavaleiro inexistente*, de Calvino. (CARNEIRO, 2001, p. 43)

A intertextualidade refere-se também às outras obras do autor em questão. Não se deve perder de vista o que foi escrito antes daquele livro específico – isolá-lo como uma ilha no imaginário do autor é empobrecer a leitura. Por isso, antes de começar a ler, uma boa dica é fazer uma lista das obras anteriores do autor. E não só isso. O conselho é lê-las, mesmo que superficialmente, a fim de estabelecer correlações com a obra mais recente, entendendo quais foram os caminhos percorridos pelo autor para chegar até aquele momento, se ele se perdeu, se reencontrou, ou se permaneceu na mesma trilha.

Cabe ao leitor atento desentranhar os fios das ligações aparentemente invisíveis e fazer as conexões. É necessário, para isso, um histórico de leitura. Esse é um ponto de suma importância, pois, em geral, resenhistas apressados não se demoram nas pesquisas iniciais.

A bagagem de leitura e a vontade de conhecer obras literárias se apuram com o tempo. Muitos vêm da faculdade e do ensino médio com a idéia de que o livro é uma tarefa a ser concluída e não um prazer. Não têm, portanto, preparo intelectual que os capacite conhecer a história literária a ponto de fazer os necessários intercâmbios críticos. Isso vale para todos os cursos. Os estudantes, em especial os de Comunicação, estão sempre afoitos para aprender a escrever, mas se esquecem de que ler é a prerrogativa número um para escrever bem. A leitura está na base da capacidade de manipulação da linguagem. Não dá para aprender a escrever do dia para a noite, como se o texto elaborado pudesse nascer de um encantamento e não fosse um trabalho de esforço renovado. Como escreve o jornalista Gustavo de Castro, mestre em Educação e Comunicação e doutor em Antropologia pela PUC-SP num artigo intitulado "A palavra compartida":

> O uso da linguagem como extensão da cultura adquirida seja por jornalistas ou escritores necessita, entrementes,

do mesmo tipo de "adubo": a leitura. A leitura é a chave de acesso ao enriquecimento da linguagem, à compreensão de mundos diversos e ao emaranhado de idéias e histórias. É da proximidade de cada um com as palavras que vem a sensibilidade necessária para comunicar aos outros o que quer que seja: seja o mundo inscrito nos livros, seja o mundo não escrito dos acontecimentos. (CASTRO, 2002, p. 72)

Um importante crítico literário, Alceu Amoroso Lima, que ficou conhecido nas páginas de jornais pelo pseudônimo Tristão de Athayde, costumava dizer que um bom crítico jamais deveria se dar por satisfeito com a leitura de um livro. Deveria sempre ultrapassá-lo, ou seja, procurar "o que fica antes, por trás ou depois da obra" (AMOROSO LIMA, 1945, p. 18). Athayde enumerou os passos básicos que um resenhista tem de dar para construir um bom texto:

[...] a primeira leitura mal nos permite tomar contato com a superfície das obras. Não é tão fácil como parece entrar no âmago de um livro. À primeira vista, pensamos compreender um livro, desde que consigamos apreender o seu sentido geral e acompanhar as peripécias do pensamento e das situações. [...] Basta reler um livro, ou logo depois de o ter lido, ou algum tempo mais tarde. Ficamos assombrados então com o que não entendemos da primeira vez. (AMOROSO LIMA, 1945, p. 47)

A leitura crítica é diferente, então, da leitura descompromissada, pois é cortada por reflexões e desvios. Para Tristão de Athayde, trata-se de um exercício interrompido a cada passo por notas, observações, meditações, recordações, confrontos, estando o crítico numa posição de reserva, para impedir que suas impressões – que devem surgir apenas no final – dominem todo o texto e empobreçam a reflexão. Evitando ainda uma leitura inocente, o resenhista deve ter um olhar armado, isto é, atento às várias possibilidades investigativas.

Uma boa obra tem camadas. A primeira leitura é aquela que se faz da superfície, analisando apenas o que o autor diz explicitamente. Cabe ao crítico cavar as outras camadas sobrepostas a fim de buscar uma interpretação inusitada, talvez um viés nem sequer pensado pelo próprio autor. A leitura do livro a ser resenhado deve ser feita integralmente.

É bem verdade que não é isso o que ocorre nas redações – a imposição dos *deadlines* para os fechamentos é cruel – e, por isso, muitos fazem apenas um vôo rasante sobre a obra. Isso acontece com freqüência, infelizmente. Mas não se pode ceder à pressa. Mesmo em dois dias apertados é possível, sim, ler uma obra inteira. Lembrem-se: é dessa leitura que surgirá um texto substancioso, com angulações imprevistas, fruto da observação dos detalhes.

A melhor resenha – assim como o melhor texto – é aquela que surpreende, resultado de quando o resenhista consegue lançar sobre a obra um olhar novo ou desconcertante, que fuja aos lugares-comuns. Repisar clichês é, no mínimo, entediante. Um texto sem surpresas só interessa aos leitores que não procuram nada além de uma informação básica: saber se o livro é bom ou ruim, se vale a pena ou não comprá-lo – algo como se faz antes de ir ao cinema, para saber se um filme vale ou não um ingresso.

É comum os escritores dizerem que nunca haviam pensado nas articulações feitas por um determinado crítico. O resenhista não deve, portanto, cair na obviedade, pois, do contrário, seu texto será simplesmente um resumo do livro, algo bem semelhante aos *releases* produzidos pelas assessorias de imprensa. Tudo depende, claro, da obra que se tem nas mãos. Não adianta tentar uma abordagem além da capacidade do livro.

É tarefa do crítico ressaltar os pontos fracos de uma estrutura literária. Resenha que só elogia não funciona nem cumpre seu papel.

Palavra puxa palavra

O momento mais difícil de uma resenha – e de qualquer texto – é o começo. A página em branco é um desafio para quem escreve, seja um crítico ou um romancista. É nessa hora que o tom deve ser definido. Trata-se, como explica Tristão de Athayde, da fixação do rumo a seguir. Assim que decide qual é o destino desse rumo, o crítico começa a escrever e, da agitação das idéias que surgiram durante a leitura armada, a resenha vai ganhando forma.

O conselho infalível é buscar uma boa idéia condutora para o início – nada mais desastroso do que começar um texto sem imaginação. O *lead* – primeiro parágrafo de uma matéria – deve conter, no caso das resenhas, uma idéia minimamente sedutora para pegar o leitor pela mão e conduzi-lo até o fim do texto.

As descrições minuciosas da obra desanimam qualquer leitura. Afinal, não se pode entregar o livro de bandeja ao leitor – se quiser, ele irá buscá-lo por si, instigado pela crítica. Desnecessário, então, contar detalhes descritivos que não acrescentam nada de essencial ao eixo analítico e só desmancham as surpresas da leitura.

Naturalmente, o gosto pessoal é importante. Sem ele, a resenha fica objetiva demais e se esvazia quanto à imaginação e à criatividade. Esses são ingredientes que devem ser bem dosados no preparo do texto. Há elementos do impressionismo crítico que não podem ser desprezados, como a empatia entre a obra e o crítico, além da intuição, ou seja, a percepção de que um autor é bom ou merece ser esquecido.

Desde que não se perca de vista a objetividade (para manter o leitor preso ao texto) nem a clareza (para evitar os nós de interpretação), é importante que o resenhista explore um jeito próprio de escrever e de se fazer reconhecido pelos leitores, que saberão que, abaixo daquela assinatura, está um texto que merece ser lido.

Que ninguém tenha a pretensão de escrever e depois abandonar o texto, considerando-o pronto. Escrever é escrever de novo. Com toda a certeza, o editor não vai gostar nada de ter de redatar a resenha, ou seja, limpar excessos e cortar redundâncias. No ato da releitura, uma escrita mais concisa, enxuta e precisa surgirá. A sábia lição de Drummond – "Escrever é cortar palavras" – é sempre oportuna.

Em tudo, medida e equilíbrio

Uma das coisas que se deve ter em mente ao fazer uma resenha crítica é abandonar o tom confessional. Nada de dizer coisas do tipo "no mundo em que vivemos" ou "eu vejo esta obra como primorosa". Isso não quer dizer que não haja espaço para a divagação. É importante, contudo, que as reflexões sejam alicerçadas num equilíbrio formal, respeitando a clareza das idéias e a noção de que o texto deve aparecer mais do que seu autor. Há resenhistas que, movidos por um narcisismo incurável, são incapazes de se manter fora do que escrevem e aí surge um "eu" invasivo e inconveniente.

Um dos maiores erros de um resenhista é querer chegar a uma verdade absoluta sobre o texto. E pior ainda é quando se deseja, tendo encontrado essa suposta verdade (que não existe), impingi-la ao leitor. Não é tarefa do crítico dar a palavra final sobre o texto. O que lhe cabe é, munido de sua formação de especialista no assunto, apresentar uma leitura consistente e original, mas apenas uma dentre tantas outras possíveis.

Há também casos em que o resenhista busca construir seu espaço na mídia falando mal dos autores. Não que o crítico não possa apontar problemas no texto resenhado, não se trata disso, mas ele não deve, em hipótese alguma, usar o texto do autor como trampolim para a autopromoção. Nesse rol de autopromotores estão os escritores frustrados, que nunca fazem boas resenhas. Ressentidos não são isentos. Nem se pode eximir alguém que escreve sobre o livro de um desafeto. Não se deve escrever sobre livros de desafetos, diga-se de passagem.

Em uma resenha crítica, é preciso saber a hora de deixar a obra falar por si, salpicando uma ou outra citação literal para que o leitor conheça o estilo da escrita do autor, bem como a sua escolha de palavras e o arranjo das idéias, principalmente quando se trata de uma obra de ficção ou de poesia. Não quer dizer com isso que as aspas serão abertas aleatoriamente, sem algum critério. Em tudo, há de se ter medida e equilíbrio. Se o resenhista abrir muitas citações, o texto ficará parecido com um artigo acadêmico, o que, definitivamente, não será apropriado.

A extensão de uma resenha varia segundo a exigência do editor e de acordo com o que a obra é capaz de render do ponto de vista crítico. Não adianta nada um editor pedir determinado tamanho de texto se o livro a ser analisado não rende sequer a metade. Nesse caso, uma boa conversa com o editor ajudará a decidir se a resenha deve ir para frente ou não. Coisa detestável é um texto palavroso ou tagarela (BARTHES, 2002, p. 9). Daí a lição da releitura ser fundamental, bem como a medida certa de uma resenha: uma redação enxuta demais corre o risco da superficialidade e uma longa demais pode se perder em excessos.

Dicas igualmente bem-vindas: não repetir palavras e idéias; não copiar trechos de outros textos sem mencionar a fonte (atenção ao *copyright*); não fazer afirmações sem conhecimento de causa, valendo-se sempre de uma pesquisa prévia sobre a obra e o autor em questão; fazer comparações com outros autores (lembrar do que foi dito acerca da intertextualidade); ler e reler o texto, exercitando o estilo sem medo para que a resenha tenha uma assinatura.

No caminho das pedras, os tropeços

Existem regrinhas básicas que, embora não constem de nenhum manual oficial de redação, devem ser cumpridas para que se evite pequenos – mas lamentáveis – tropeços.

As reticências, por exemplo. Elas indicam que uma idéia está inconclusa e que há alguma coisa vaga – ou escondida – no ar. Ou seja, tudo que deve ser evitado quando se quer clareza e objetividade. As reticências são freqüentes nas resenhas críticas assinadas por quem não está acostumado ao texto objetivo, sem muita firula.

O ponto de exclamação também é um problema. Exclamação equivale a um grito, e para que falar em voz alta quando se está simplesmente fazendo a análise de um livro? Outro erro muito comum é a poetização. É um vacilo abusar das frases pontilhistas, que soam poéticas demais, como neste exemplo hipotético: "Um texto que mexe. Vacila. Ilude. Confunde. Palavras ao vento. Frescor da manhã. Tudo azulzinho. Azulzinho". As frases longas, por outro lado, também devem ser evitadas para que não surjam os nós de entendimento já citados. Sempre que se tem de ler um parágrafo novamente para compreender o sentido é sinal de que alguma coisa no meio do caminho ficou embolada.

Há palavrinhas que, se não chegam a ser proibidas por lei, devem ser evitadas. O *quê*, por exemplo. Tentar suprimi-lo é um ótimo exercício. Os excessos de *quê* cortam o ritmo da frase e desconcentram o leitor. Pode parecer exagero, mas não é. Outra dica importante é abolir os cacófatos, ou seja, a junção de palavras cuja sonoridade não seja agradável, como: U*ma ma*ravilha de obra;

Por razão disso. A escolha certa do léxico é um cuidado importante. A exemplo do *quê*, não convém repetir termos – o que denota pobreza de vocabulário e falta de leitura – e nem idéias, o que torna o texto redundante.

O ponto-a-ponto das resenhas: um resumo

Para escrever resenhas – ou qualquer coisa – não é preciso apenas saber escrever. É imprescindível saber pensar. Uma boa resenha é, em resumo, um exercício de reflexão, unindo uma boa escolha de vocabulário a um estilo articulado. Eis o resumo com alguns ingredientes que ajudam a montar a receita de uma crítica bem-sucedida:

- Ler o livro integralmente (resenhas feitas por quem não leu o livro são flagrantemente superficiais).
- Mostrar riqueza de vocabulário (evitar repetir palavras, sobretudo adjetivos).
- Evitar excesso de adjetivos.
- Restringir ao máximo o número de *quês*.
- Manter harmonia de tom: nem tão coloquial, que pareça linguagem falada, nem tão formal, que dificulte a compreensão do leitor.

- Preparar um texto articulado sem os nós que dificultam a compreensão: a comunicação não pode ser truncada.
- Evitar parágrafos longos demais.
- Organizar as idéias: clareza acima de tudo.
- Ter concisão e objetividade (fuja de longas introduções e de longas conclusões).
- Pesquisar a obra do autor e sua cadeia evolutiva.
- Evitar tom subjetivo.
- Incrementar o diálogo do texto com outros textos. A resenha de um livro nunca deve abordar apenas um livro, pois as obras dialogam entre si no tempo e no espaço.

A leitura não teórica faz-se no *eixo interpretativo* e pertence à fruição. É o prazer de ler que orienta um julgamento emanado da subjetividade. Quando o crítico está desarmado teoricamente, seu texto virá repleto de adjetivações. O resultado de uma investigação mais inocente e impressionista é certamente uma resenha voltada para o entendimento de um público amplo e não segmentado, que não espera uma leitura demorada e complexa das obras. Como veremos a seguir, cada veículo tem a sua linha editorial. Alguns optam por textos simplificados, como é o caso do suplemento *Prosa & Verso*, de *O Globo*; outros priorizam resenhas e ensaios mais aprofundados, como acontece com o caderno *Mais!*, da *Folha de S.Paulo*.

Há resenhistas, contudo, em sua maioria os acadêmicos, que pedem emprestado da teoria da literatura instrumentos de análise. Teorizar sobre algo é transformá-lo em objeto problemático. É puxar as linhas da interpretação e fazer do texto um novo arranjo. "Sem teoria, a literatura é o óbvio", como escreve Roberto Acízelo em *Teoria da Literatura* (SOUZA, 2005, p. 7).

O termo "teoria literária" se expandiu a partir de 1942 com o livro de René Wellek e Austin Warren de mesmo título. As obras teóricas auxiliam na metodologia de análise, na qual cabem, por exemplo, definições mais precisas acerca do gênero ao qual se filia a obra analisada. Evita-se aí a anarquia ingênua e impressionista na abordagem. Em qualquer um dos casos, deve-se, antes de tudo, saber o que se busca e como alcançar.

3

Breve retrato dos cadernos literários

A leitura de cadernos literários e de revistas culturais é fundamental não apenas para ficar antenado com o que é publicado no mercado editorial, mas para conhecer diversos tipos de texto, sejam eles assinados por jornalistas, acadêmicos ou escritores. É uma pena que, nas faculdades, os estudantes tenham tão pouco conhecimento acerca desses veículos. Muitos ignoram que eles existem. Entretanto, os cadernos literários e as revistas são uma ótima fonte de informação e merecem ser colocados entre o material de leitura, junto dos livros recomendados pelos professores. Foi em uma resenha, aliás, publicada no caderno *Idéias & Livros*, do *Jornal do Brasil*, que o jornalista Augusto Nunes fez a seguinte observação, remontando ao que dissemos anteriormente, ou seja, aliar a leitura dos suplementos aos livros:

> A leitura dos jornais e revistas seria menos penosa se os profissionais buscassem o amparo de professores que ensinam a baixo custo. O preço do curso é o dos livros. Como descrever paisagens em momentos de muita ação? Procure Ernest Hemingway. Como ligar parágrafos ou capítulos sem a sensação de que alguma ponte desabou? Tente Gay Talese. Qual é o segredo do coquetel de adjetivos e advérbios que provoca o fenômeno da levitação? Gabriel Garcia Márquez conhece. Como encontrar substantivos de tal modo auto-suficientes que sempre andam desacompanhados? Descubra com Graciliano Ramos. Como prevenir derramamentos? Carlos Drummond de Andrade tem todos os métodos. E Hammett é o homem dos diálogos que, se não os tivemos, deveríamos ter tido. (NUNES, 2002, p. 2)

Num artigo publicado na revista *Veja*, há cerca de dois anos, levantou-se a questão sobre a inexistência de uma crítica literária em jornais capaz de movimentar o debate cultural no país tal como era feito na década de 1940 por Álvaro Lins (GRAIEB, 2000, p. 160). Quais seriam os espaços literários possíveis hoje no Brasil, e como os suplementos poderiam organizar sua estrutura interna na tentativa de conciliar a presença dos textos assinados por *scholars* e a necessidade de textos adaptados à lógica do discurso jornalístico?

Antes de tudo, é preciso traçar aqui um breve panorama do cenário atual: quais são os suplementos literários existentes e que linha cada qual adota?

Pesquisa interessante nesse sentido é *O livro no jornal*, de Isabel Travancas, citado aqui anteriormente. Nele, a jornalista, numa leitura em perspectiva, compara quatro cadernos – o *Idéias & Livros*, o *Mais!*, o *Les Livres* e o *Le Monde des Livres*, no Brasil e na França. Nessa lista, falta acrescentar o *Prosa & Verso*, de O Globo, não analisado pela autora, mas que será estudado mais à frente nesta avaliação da literatura na imprensa. Ausência importante é o caderno de cultura de *O Estado de S. Paulo*. Entretanto, por se tratar de um caderno não apenas literário, mas cultural, que tem um perfil semelhante à *Ilustrada*, da *Folha de S.Paulo*, optamos aqui por não incluí-lo em nossas reflexões, entendendo que o suplemento mereceria um ensaio à parte.

Há ainda, em número reduzido, algumas revistas interessantes e bastante bem elaboradas, como a *EntreLivros* e a *Continente Multicultural*, que trazem resenhas, ensaios, entrevistas e lançamentos literários. A seguir, nos deteremos nos suplementos literários do *Jornal do Bra-*

sil, d'*O Globo* e da *Folha de S.Paulo* em uma breve análise do perfil editorial de cada um.

Clareza e profundidade:
o *Idéias & Livros* do *Jornal do Brasil*

A história do suplemento *Idéias & Livros* remonta aos anos 1980. Foi criado pelo jornalista Zuenir Ventura em 1986. Antes dele, existiram no *Jornal do Brasil* dois outros suplementos – o *Livro*, criado na década de 1970, e o *Suplemento Dominical do JB*, espaço dedicado à arte e à literatura no qual muitas vanguardas encontraram espaço de expressão. Em texto impresso, o próprio jornal, ao se referir ao *Idéias & Livros*, declara o objetivo do caderno desde a sua criação:

> *Idéias & Livros* dirigiu o seu esforço para tratar de eventos ligados ao pensamento e à criação artística de forma jornalística, isto é, de forma clara e democrática – sem engajamento ou preconceito ideológico. Um princípio o norteia: o que, quanto mais densa a idéia, mais clara deve ser a sua expressão – até porque a profundidade de uma idéia nada tem a ver com a profundidade de um poço. Foge da linguagem elitista e inacessível ao leitor para funcionar como uma ponte entre o mundo intelectual. (*Apud* TRAVANCAS, 2001, p. 29)

De início, o aspecto político – priorizando a vida das idéias e não meramente o resenhismo – era evidente nos textos. Isso se explica porque a década de criação do *Idéias & Livros* – os anos 1980 – foram os anos pós-ditadura, um momento em que os intelectuais queriam quebrar o jejum do silêncio. Encontraram no *Idéias & Livros* o veículo certo na hora exata, como enfatiza Zuenir Ventura numa entrevista na ocasião do aniversário de 20 anos do suplemento, em outubro de 2006:

> O ano de 1985 foi fundamental para os debates na área de cultura que se seguiram. Depois das Diretas, em 1984, o país estava se abrindo e todo mundo queria escrever e falar. A classe intelectual, reprimida durante 20 anos, num acordo tácito com a tortura e a censura, vive o suplemento como um espaço onde divulga suas reflexões. O *Idéias* inaugura um novo tempo. (VENTURA, 2006, p. 4)

Ao longo do tempo, o *Idéias & Livros* teve, naturalmente, vários editores, mas a linha mestra se manteve a mesma – enfatizar a informação literária com base no livro, sem, contudo, restringir-se às resenhas. O livro deve ser um pretexto para que reflexões mais aprofundadas possam aflorar. O suplemento, hoje em formato *berliner* com oito páginas, já teve vários formatos (incluindo o tablóide, a forma com a qual surgiu) e distintos números de páginas. Uma das características que mais o define é a capacidade de reunir um grupo de intelectuais, incluindo acadêmicos, que aceitam escrever para o *Jornal do Brasil* a custo zero.

Explico: é preciso que se abra aqui um importante adendo. Trabalhos *freelance*, ou seja, colaborações não fixas, nunca foram bem remuneradas, historicamente, no *Jornal do Brasil*. Com raras exceções, o suplemento sempre trabalhou com colaborações não pagas, mas sempre conseguiu bons nomes em suas páginas. Como se explica isso?

Bem, o *Jornal do Brasil* tem uma história de mais de 100 anos, uma tradição que fala alto na memória e na alma dos cariocas. Há quem, apesar das crises pelas quais passou o jornal, mantenha-se fiel à assinatura dele. Isso explica, em parte, o fato de intelectuais importantes, incluindo acadêmicos, políticos, cientistas sociais, psicanalistas, escritores e jornalistas aceitarem escrever artigos e resenhas sem remuneração.

Na estrutura do suplemento de hoje tem-se, como foi dito, oito páginas em formato *berliner*. Os colunistas (que geralmente são trocados no momento em que um novo editor assume) são o crítico Wilson Martins e os professores Leandro Konder e João Cezar de Castro Rocha. Martins faz crítica literária livre. Ele mesmo escolhe os temas que deseja abordar. Konder caminha mais na direção do político e Castro Rocha também faz crítica literária, mas tem uma coluna voltada para a revisão dos clássicos.

O espaço dedicado às resenhas é restrito, haja vista que duas páginas (os colunistas revezam entre si) são reservadas às colunas. Geralmente, uma única página comporta duas resenhas no máximo. Quando se trata de um livro importante, que mereça maior destaque, este ganha página inteira. O critério de valor – *importante* – é bastante complexo. Como foi discutido anteriormente, ao editor cabe a árdua tarefa de separar o joio do trigo. É o editor quem decide quanto ao caminho a tomar – se o livro vale um ensaio, uma simples resenha ou o esquecimento.

As resenhas têm em média três mil caracteres. O que ultrapassa isso ganha *status* de ensaio. Nas páginas centrais, apresenta-se um tema geral que reúne vários lançamentos literários, abordados em dois ou três textos. Nas capas, há quase sempre uma resenha que pode ou não avançar para dentro do caderno. O ideal é que as capas tenham um visual gráfico impactante – assim como as páginas centrais. O que se chama de "massa de texto" pode desestimular o leitor a seguir em frente.

As entrevistas geralmente vêm na página 3 e são importantes para dinamizar a leitura do suplemento, que não traz nenhuma espécie de reportagem literária nem cobertura de eventos. Elas surgem para quebrar a sisudez do resenhismo e aguçar a curiosidade dos leitores em relação aos autores. Não existe determinação precisa quanto à ênfase a obras nacionais ou estrangeiras, mas é natural que as resenhas de livros de autores nacionais prevaleçam. Abre-se freqüentemente espaço para as obras contemporâneas de qualidade, pois uma das tarefas de um suplemento literário é ajudar a literatura a avançar.

O *Mais!* Mais tarde eu leio?

O título acima é uma provocação. Existe uma brincadeira relacionada ao suplemento dominical de literatura do jornal *Folha de S.Paulo* que se refere ao fato de que, sendo um caderno por demais substancioso e aprofundado, os leitores sempre deixam a leitura para *mais* tarde. Isso porque o material apresentado pelo *Mais!* não é direcionado a leitores em formação, mas sim àqueles que já estão num nível elevado de compreensão dos debates intelectuais.

Antes de entendermos melhor do que se trata a tal "substância" referida acima, analisemos: o atual suplemento literário *Mais!*, tal como se apresenta hoje, é o resultado de várias transformações pelas quais passou o jornal e o próprio caderno. Nos anos 1980, como explica Isabel Travancas em *O livro no jornal*, a *Folha* editava o tablóide *Folhetim*, que incluía resenhas de livros, publicação de contos e poesia, além de ensaios ligados não apenas à literatura, mas à arte e às ciências em geral. O *Folhetim* circulava nos jornais de domingo.

Ainda nos anos 1980 o *Folhetim* acabou, e a *Folha* criou no lugar dele o *Letras*, que saía aos sábados, incluindo reportagens e resenhas, com um perfil mais voltado para o campo literário. Em 1992, a *Folha* lançou o *Mais!*, também publicado aos domingos, que inclui o conteúdo do suplemento cultural *Ilustrada*, mais as editorias de ciência e a de livros propriamente dita. Trata-se, sobretudo, de um caderno prioritariamente literário. E o mais surpreendente é que, ao contrário dos demais cadernos analisados aqui – o *Idéias & Livros* e o *Prosa & Verso* –, o *Mais!* é publicado aos domingos, o que indica o papel importante que a literatura representa para o jornal.

Assim como o *Idéias & Livros* é um reflexo da produção intelectual carioca (embora não esteja diretamente ligado a uma universidade específica), o *Mais!* se identifica com a intelectualidade paulista, principalmente a que atua e produz na USP. Os artigos publicados no *Mais!* têm uma abordagem ensaística. Muitos textos são assinados por autores estrangeiros que analisam a produção recente do mercado internacional. É um grande acréscimo para o jornal. O projeto gráfico das edições é bastante valorizado. O suplemento abre espaço para o trabalho de artistas plásticos e de fotógrafos, e está antenado com o que se expõe nos museus do mundo. Há espaço para reportagens e entrevistas, embora a predominância seja mesmo os ensaios.

Muita prosa e pouco verso

O *Prosa & Verso* foi criado na década de 1990 e traz uma linha editorial bastante diferente dos demais. Apresenta uma abordagem menos acadêmica e mais jornalística do fato literário. Há pouco espaço para poesia e um enfoque mais demorado sobre a prosa. Os textos, em sua maioria produzidos por jornalistas e escritores, têm um estilo mais coloquial, próximo ao modelo literário, cujo auge ocorreu nos anos 1940 e 1950 e teve como patrono Brito Broca (ver: *O repórter impenitente* e *Escrita e vivência*).

Em todo o caderno, privilegiam-se entrevistas, *fait divers* e pouca reflexão crítica. Não vai ali nenhum conceito de valor. Os ensaios de maior fôlego não cabem em um suplemento que tem a proposta de ser mais conectado com o leitor comum. E o que se entende por "leitor comum"? Aquele que não tem, em sua bagagem de leitura, nenhum conhecimento específico de literatura no sentido teórico. São estudantes universitários e leitores que gostam de literatura e têm curiosidade para saber se determinado livro é bom ou ruim, se vale a pena ser comprado ou não.

A diversidade no mercado dos suplementos é necessária; um mercado feito apenas de *Mais!* dificultaria a formação de leitores que ainda não estão aptos a se aprofundar em leituras críticas. É bem verdade que esse perfil menos elitizado do *Prosa & Verso* se modifica pouco a pouco. A inclusão do jornalista e escritor José Castello, que assina uma coluna de crítica na página 4, é prova disso. Sem uma condução professoral ou acadêmica, Castello tem a proposta de analisar a produção literária da atualidade, bem como de fazer a revisão dos clássicos, numa versão um tanto menos acadêmica do que a dos ensaios produzidos pelo professor João Cezar no *Idéias & Livros*.

As capas do *Prosa & Verso* trazem entrevistas ou reportagens (o que é um elemento diferenciador, pois os demais cadernos raramente trazem matérias jornalísticas). Outro interessante recurso utilizado pelo suplemento são os concursos literários, que têm como objetivo revelar novos talentos das letras brasileiras.

À guisa
de uma conclusão

Esta conversa sobre resenhas não tem propriamente uma conclusão. Nem deveria. Toda conclusão fecha um raciocínio. Nenhum texto (isso inclui resenha, claro) escrito para jornais deve trazer desenlace. Isso porque o leitor é quem deve alcançar as suas próprias inferências com base no que leu – destrinchar um texto pode parecer didático, cansativo e óbvio demais.

Muitos dos aspectos abordados aqui sinalizam para novas reflexões que estão longe de encontrar conclusão. A principal delas é quanto à figura do crítico literário da atualidade, que é uma figura multifacetária. Há de tudo, desde os acadêmicos até os jornalistas não especializados. Mas será que se pode falar, hoje, de crítica madura e de críticos que realmente façam a literatura avançar à medida que formulam novas questões a fim de que os autores aceitem a provocação e prossigam?

Vimos aqui que a literatura já esteve muito mais presente no jornalismo do que agora. Não apenas os textos publicados nos ancestrais dos cadernos literários tinham linguagem mais próxima da literária, como livros inteiros eram transcritos em capítulos – os folhetins. Tudo isso acabou. Se houve o ganho da objetividade por um lado, aproximando o texto crítico da linguagem mais jornalística, por outro, não se pode deixar de dizer que a literatura foi, aos poucos, perdendo espaço – e importância – nos jornais. Esse é o lado perverso da história.

Que ninguém defenda a volta do estilo literário – palavroso e grandiloqüente – dos textos publicados em jornal de então, que buscavam se assemelhar à literatura produzida em fins do século XVIII e início do século XIX. Isso acabou e está muito bem acabado. O bom jornalismo se impôs como profissão e trouxe regras fundamentais que podem ser influência para quem quiser escrever com objetividade, clareza e concisão. Inclusive para os escritores que, por sua vez, também sofreram grande influência do jornalismo. Muitos autores passaram pelas redações e tiveram seus estilos modificados para sempre.

O que se espera é que os jornais revertam o quadro da "desliteraturização" sem que para isso precisem fazer o retrocesso da linguagem. Todos ganham quando os jornais recheiam suas páginas com reflexões inteligentes feitas com base em livros (não simplesmente resenhas, mas ensaios e reportagens), levando lazer inteligente a quem espera ler alguma coisa além dos fatos.

As resenhas críticas são um exercício de leitura importante. Ajudam os leitores a desvendar aspectos da obra antes submersos. A crítica faz que um leitor ingênuo vá, aos poucos, aprimorando sua capacidade de interpretação e análise de um livro. Por fim, a crítica ajuda a sacudir o leitor e tirá-lo definitivamente da contemplação – e as resenhas são o instrumento da crítica.

Bibliografia

Amoroso Lima, Alceu. *O crítico literário*. Rio de Janeiro: Agir, 1945.

_____. *Introdução à literatura brasileira*. Rio de Janeiro: Agir, 1957.

_____. *O jornalismo como gênero literário*. São Paulo: Edusp, 1990.

Andrade, Mário de. *Vida literária*. São Paulo: Edusp/Hucitec, 1993.

Assis, Machado de. O ideal do crítico. In: *Machado de Assis/ Obra completa*, v. III. Rio de Janeiro: Nova Aguilar, 1962.

Augusto, Sérgio. *As penas do ofício: ensaios de jornalismo cultural*. Rio de Janeiro: Agir, 2006.

Azevedo, Fernando. "A crítica literária". In: _____. *Máscaras e retratos*. São Paulo: Melhoramentos, 1962.

BAKHTIN, M. *Estética da criação verbal*. São Paulo: Martins Fontes, 1992.

BAPTISTA, Abel Barros. "Crítica e recaciltração". *Inimigo rumor*, v. 13, 2002, pp. 176-85.

_____. "Do que (não) falamos quando falamos de crítica de poesia". *Inimigo rumor*, v. 12, 2002, pp. 46-50.

BARBIERI, Therezinha. *Ficção impura: prosa brasileira dos anos 70, 80 e 90*. Rio de Janeiro: Eduerj, 2003.

BARTHES, Roland. *Roland Barthes por Roland Barthes*. São Paulo: Cultrix, 1977.

_____. *L'empire des signes*. Paris: Skira/Flammarion, 1981.

_____. *Essais critiques IV: le bruissement de la langue*. Paris: Seuil, 1984.

_____. *O grão da voz*. Rio de Janeiro: Francisco Alves, 1985.

_____. *Crítica e verdade*. Lisboa: Edições 70, 1987.

_____. *O prazer do texto*. São Paulo: Perspectiva, 2002.

BAUDELAIRE, Charles. *Sobre a modernidade*. Rio de Janeiro: Paz e Terra, 1996.

BOSI, Alfredo. "Por um historicismo renovado". In: *Teresa. Revista de Literatura Brasileira*. São Paulo, n. 1, primeiro semestre 2000, pp. 9-47.

_____. "Estudos literários da era dos extremos". In: *Rodapé: crítica de literatura brasileira contemporânea*. São Paulo: Nankin, 2001.

BRASIL, Antônio. *O pensamento crítico de Álvaro Lins*. Rio de Janeiro: José Olympio, 1985.

BRASIL, Assis. *Teoria e prática da crítica literária*. Rio de Janeiro: Topbooks, 1995.

BLOOM, Harold. *The anxiety of influence: a theory of poetry*. Oxford: Oxford University Press, 1991.

_____. *The western canon: the books and school of the ages*. Nova York: Riverhead, 1995.

BROCA, Brito. *A vida literária no Brasil – 1900*. Rio: MEC, 1956.

_____. *Escrita e vivência*. Campinas: Ed. da Unicamp, 1993.

_____. *O repórter impenitente*. Campinas: Ed. da Unicamp, 1994.

CAMPOS, Humberto de. *Carvalhos e roseiras*. Rio de Janeiro: Jacobson, 1923.

CANDIDO, Antonio. *Brigada ligeira: ensaios*. São Paulo: Martins, 1945.

_____. *O observador literário*. São Paulo: Conselho Estadual de Cultura, 1959.

_____. *Vários escritos*. São Paulo: Duas Cidades, 1970.

_____. *Literatura e sociedade*. São Paulo: Companhia Editora Nacional, 1985.

_____. *A educação pela noite e outros ensaios*. São Paulo: Ática, 1987.

_____. *Formação da literatura brasileira*. v. 1. Belo Horizonte: Itatiaia, 1997.

_____. *Tese e antítese: ensaios*. São Paulo: T.A. Queiroz Editor, 2002.

_____. *Ficção e confissão*. Rio de Janeiro: Ouro sobre Azul, 2006.

_____. *Iniciação à literatura brasileira*. Rio de Janeiro: Ouro sobre Azul, 2006.

_____. *O método crítico de Silvio Romero*. Rio de Janeiro: Ouro sobre Azul, 2006.

CARNEIRO, Flávio. *Entre o cristal e a chama*. Rio de Janeiro: Eduerj, 2001.

_____. "Mapeando a diferença: ficção brasileira hoje". In: ROCHA, Fátima C. Dias (org.). *Literatura brasileira em foco*. Rio de Janeiro: Eduerj, 2003.

_____. *No país do presente: ficção brasileira no início do século 21*. Rio de Janeiro: Rocco, 2005.

CARPEAUX, Otto Maria. *História da literatura ocidental*. Rio de Janeiro: Edições O Cruzeiro, 1959.

_____. *Ensaios reunidos*. Olavo de Carvalho (org.). Rio de Janeiro: UniverCidade/Topbooks, 1999.

CASANOVA, Pascale. *A república mundial das letras*. São Paulo: Estação Liberdade, 2002.

CASTRO, Gustavo de. "A palavra compartilhada". In: _____ (org.). *Jornalismo e literatura: a sedução da palavra*. São Paulo: Escrituras, 2002.

CAVALHEIRO, Edgar. *Testamento de uma geração*. Porto Alegre: Globo, 1944.

CHARTIER, Roger. *Práticas da leitura*. São Paulo: Estação Liberdade, 2000.

_____. *Os desafios da escrita*. São Paulo: Unesp, 2002.

COLLINI, Stefan. "The golden age that never was". *The Times Literary Supplement*. 5.155, 18 jan 2002.

COSTA LIMA, Luiz. *Dispersa demanda*. Rio de Janeiro: Francisco Alves, 1981.

_____. *Sociedade e discurso ficcional*. Rio de Janeiro: Guanabara, 1986.

_____. *O controle do imaginário*. São Paulo: Brasiliense, 1989.

_____. "Concepção de história literária na 'formação'". In: D'INCAO, M. A.; SCARABÔTOLO, E. F. (orgs.). *Dentro do texto, dentro da vida: ensaios sobre Antonio Candido*. São Paulo: Companhia das Letras, 1992.

_____. *Limites da voz. Montaigne, Schlegel*. Rio de Janeiro: Rocco, 1993.

_____. *Intervenções*. São Paulo: Edusp, 2002a.

_____. *Teoria da literatura em suas fontes*. Rio de Janeiro: Civilização Brasileira, 2002b.

_____. "O que chamamos crítica literária?" *Veredas – Revista de Cultura do Banco do Brasil*. jun. 2003, p. 42.

_____. *História, ficção, literatura*. São Paulo: Companhia das Letras, 2006.

COUTINHO, Afrânio. *O humanismo, ideal de vida*. Salvador: sem editora, 1938.

_____. *A filosofia de Machado de Assis*. Rio de Janeiro: Vecchi, 1940.

_____. *Aspectos da literatura barroca*. Tese de concurso para o provimento de uma cadeira de Literatura no Colégio Pedro II. Rio de Janeiro: A Noite, 1950.

_____. *O ensino da literatura*. Discurso de posse na cátedra de literatura do Colégio Pedro II. Rio de Janeiro: Imprensa Nacional, 1952.

_____. *Correntes cruzadas* (questões de literatura). Rio de Janeiro: A noite, 1953.

_____. *Por uma crítica estética*. Rio de Janeiro: MEC, 1954. (Os cadernos de cultura, v.70).

_____. *Da crítica e da nova crítica*. Rio de Janeiro: Livraria Brasileira, 1957.

_____. *A crítica*. Salvador: Universidade da Bahia, 1958. (Publicações da Universidade da Bahia, v. 5.)

_____. *A filosofia de Machado de Assis e outros ensaios*. Rio de Janeiro: São José, 1959a.

_____. *Introdução à literatura no Brasil*. Rio de Janeiro: São José, 1959b.

_____. *Conceito de literatura brasileira* (ensaio). Rio de Janeiro: Acadêmica, 1960.

_____. Tradição e futuro do Colégio Pedro II. Rio de Janeiro, Colégio Pedro II, 1961. (Aula magna de 1961.)

_____. *Recepção de Afrânio Coutinho na Academia Brasileira de Letras*. Rio de Janeiro, ABL, 1962.

_____. *No hospital das letras*. Rio de Janeiro: Tempo Brasileiro, 1963.

_____. *Antologia brasileira de literatura*. Rio de Janeiro: Distr. Livros Escolares, 1965a, 3 v.

_____. Discurso pronunciado ao tomar posse da cadeira de literatura brasileira da Faculdade Nacional de Filosofia da Universidade do Brasil em 9 set. 1965b.

_____. *A polêmica Alencar-Nabuco*. Organização e introdução de Afrânio Coutinho. Rio de Janeiro: Tempo Brasileiro, 1965c.

_____. *Aula magna*. Rio de Janeiro: Universidade Federal do Rio de Janeiro, 1968a.

_____. *Crítica e poética*. Rio de Janeiro: Livraria. Acadêmica, 1968b.

_____. *A tradição afortunada. (O espírito de nacionalidade na crítica brasileira)*. Prof. Afonso Arinos de Melo Franco. Rio de Janeiro: José Olympio, 1968c.

_____. *An introduction to literature in Brazil*. Nova York: Columbia University Press, 1969a.

_____. *Crítica e críticos*. Rio de Janeiro: Simões, 1969b.

_____. *A vida intelectual no Rio de Janeiro*. In: O Rio de Janeiro no tempo da independência. Rio de Janeiro: Cons. Estadual de Cultura, 1972.

_____. *Caminhos do pensamento crítico*. Rio de Janeiro: Americana, 1974.

_____. *Conceito de literatura brasileira*. Rio de Janeiro: Pallas/Brasília, INL/MEC, 1976a.

_____. *Notas de teoria literária*. Rio de Janeiro: Civilização Brasileira, 1976b.

_____. *O erotismo na literatura, o caso Rubem Fonseca*. Rio de Janeiro: Cátedra, 1977a.

_____. *Universidade, instituição crítica*. Rio de Janeiro: Civilização Brasileira, 1977b.

_____. *Histórico e relatório* (1967-1978). Rio de Janeiro: UFRJ, Faculdade de Letras, 1978.

_____. Posse do Acadêmico Doutor Eduardo de Mattos Portella na Academia Brasileira de Educação. Rio de Janeiro, 1979 (Discurso).

_____. *O homem de letras*. In: *Clementino Fraga: itinerário de uma vida*. Rio de Janeiro, J. Olympio/Brasília, INL/MEC, 1980a.

_____. *La moderna literatura brasileira*. Buenos Aires: Macondo, 1980b.

_____. *Tristão de Athayde, o crítico*. Rio de Janeiro: Agir, 1980c.

_____. *Discursos acadêmicos; discurso de saudação a Eduardo Portella*. Rio de Janeiro: Academia Brasileira de Letras, 1981a.

_____. *Doutor honoris causa*. Salvador: UFBA, 1981b. (Col. Honoris causa, 2.)

_____. *O processo de descolonização literária*. Rio de Janeiro: Civilização Brasileira, 1983 (Col. Vera Cruz: literatura brasileira, v. 335).

_____. *As formas da literatura brasileira*. Rio de Janeiro: Bloch, 1984a.

_____. *Reformulação do currículo de Letras*. Brasília: Conselho Federal de Educação, 1984b.

CROCE, Benedetto. *Breviário de estética*. São Paulo: Ática, 1997.

DOYLE, Plínio. *História de revistas e jornais literários*. Rio de Janeiro: separata da *Revista do Livro*, v. 33, 1968.

_____. *História de revistas e jornais literários*, v. I. Rio de Janeiro: Casa de Rui Barbosa, 1976.

EAGLETON, Terry et al. *Nationalism, colonialism and literature*. Introdução de Seamus Deane. Mineápolis/Londres: University of Minnesota Press, 1990.

_____. *Teoria da literatura*. São Paulo: Martins Fontes, s.d.

ECO, Umberto. *Seis passeios pelos bosques da ficção*. São Paulo: Companhia das Letras, 1994.

_____. *Lector in fabula*. São Paulo: Perspectiva, 2002.

FAR, Alessandra. *O livro e a leitura no Brasil*. Rio de Janeiro: Jorge Zahar, 2006.

FAUSTINO, Mário. *O homem e sua hora*. São Paulo: Companhia das Letras, 2002.

FIGUEIREDO, Vera Lúcia Follain de. *Os crimes do texto: Rubem Fonseca e a ficção contemporânea*. Belo Horizonte: Ed. UFMG, 2003.

FISCHER, Luis Augusto. "Para uma descrição da literatura brasileira no século XX". In: VÉSCIO, Luiz Eugênio; SANTOS, Pedro Brum (orgs.). *Literatura & história. Perspectivas e convergências*. Bauru: Edusc, 1999, pp. 97-119.

GENETTE, Gérard. *Palimpsestes: la littérature au second degré*. Paris: Seuil, 1992.

GRAIEB, Carlos. "Cadê a crítica?". *Veja*, São Paulo, 28 jun. 2000, pp. 160-62.

HUTCHEON, Linda. *Uma teoria da paródia: ensinamentos das formas de arte do século XX*. Lisboa: Edições 70, 1989.

_____. *Poética do pós-modernismo: história, teoria, ficção*. São Paulo: Imago, 1991.

_____. *Irony's edge: the theory and politics of irony*. Londres/Nova York: Routledge, 1994.

JASON, Epstein. *O negócio do livro: passado, presente e futuro do mercado editorial*. Rio de Janeiro: Record, 2001.

JOBIM, José Luís. (org.). *Palavras da crítica: tendências e conceitos no estudo da literatura*. Rio de Janeiro: Imago, 1992.

_____. *A poética do fundamento*. Niterói: EdUFF, 1996.

_____ (org.). *A biblioteca de Machado de Assis*. Rio de Janeiro: Topbooks, 2001.

_____. *Formas da teoria. Sentidos, conceitos, políticas e campos de força nos estudos literários*. Rio de Janeiro: Caetés, 2002.

KRISTEVA, Julia. *Desire in language: a semiotic approach to literature and art*. Oxford: Balckwell, 1981.

LAJOLO, Marisa; ZILBERMAN, Regina. *A formação da leitura no Brasil*. São Paulo: Ática, 1996.

LAMEGO, Valéria. "Até quando serás crítica?". *Veredas*, São Paulo, maio 1999, pp. 23-5.

LIMA, Rachel Esteves. *A crítica literária na universidade brasileira*. Belo Horizonte: Fale/UFMG 1997.

LINK, Daniel. *Como se lê e outras intervenções críticas*. Chapecó: Argos Editora Universitária, 2002.

LINS, Álvaro. *História literária de Eça de Queirós*. Rio de Janeiro: José Olympio, 1939.

_____. *Jornal de Crítica*, 7 vols. Rio de Janeiro: José Olympio, 1941/1963.

_____. *Notas de um diário de crítica*. Rio de Janeiro: José Olympio, 1943.

_____. *A técnica no romance em Marcel Proust*. Rio de Janeiro: Civilização Brasileira, 1956.

_____. *A glória de César e o punhal de Brutus*. Rio de Janeiro: Civilização Brasileira, 1963a.

_____. *Literatura e vida literária: diário e confissões*. Rio de Janeiro: Civilização Brasileira, 1963b.

_____. *Os mortos de sobrecasaca*. Rio de Janeiro: Civilização Brasileira, 1963c.

_____. *Dionísios nos trópicos*. Rio de Janeiro: Civilização Brasileira, 1964a.

_____. *Girassol em vermelho e azul*. Rio de Janeiro: Civilização Brasileira, 1964b.

_____. *O relógio e o quadrante*. Rio de Janeiro: Civilização Brasileira, 1964c.

_____. *Teoria literária* (Poesia, romance, teatro, biografia e crítica). Rio de Janeiro: Edições de Ouro, 1967.

_____. *Poesia moderna do Brasil (Estudos revistos e atualizados)*. Rio de Janeiro: Edições de Ouro, 1968.

LISPECTOR, Clarice. *A descoberta do mundo*. Rio de Janeiro: Francisco Alves, 1992.

MACHADO, Ubiratan. *A vida literária no Brasil durante o romantismo*. Rio de Janeiro: Eduerj, 2001.

MAN, Paul de. *Blindness and insight: essays in the rhetoric of contemporary criticism*. Mineápolis: University of Minnesota Press, 1983.

MARTINS, Wilson. *História da inteligência brasileira*. 7 vols. São Paulo: Cultrix, 1976/1979.

_____. *Palavra escrita. A história do livro, da imprensa e da biblioteca*. São Paulo: Ática. 1998.

_____. *A crítica literária no Brasil*. v. 1 e 2. Rio de Janeiro: Francisco Alves/Imprensa Oficial do Paraná, 2002.

MAY, Derwent. *Critical times. The history of the Times Literary Supplement*. Londres: Harper Collins, 2001.

MCHALE, Brian. *Postmodernist fiction*. Nova York/Londres: Methyen, 1986.

MILLIET, Sergio. *Ensaios*. São Paulo: Bruso, 1935.

_____. *Diário crítico*. 10 vols. São Paulo: Martins/Brasiliense, 1944/1959.

MONTEIRO, Adolfo Casais. *Clareza e mistério da crítica*. Rio de Janeiro: Fundo de Cultura, 1961.

MORICONI, Ítalo *et al. Brasil 2001 – A revisionary history of Brazilian literature and culture*. Dartmouth: University of Massachusetts Dartmouth, 2001.

MOTTA, Leda Tenório. *Sobre a crítica literária brasileira no último meio século*. Rio de Janeiro: Imago, 2002.

MOUNT, Ferdinand. "The jingling of the keys: survival, skepticism, sympathy – A century of the TLS". In: *The Times Literary Supplement*. Londres, 18 jan. 2002, pp. 14-15.

NINA, Cláudia. *A palavra usurpada: exílio e nomadismo na obra de Clarice Lispector*. Porto Alegre: EdiPUCRS, 2003.

_____. "O que pedem os livros?". (Rodapé). *Idéias & Livros – Jornal do Brasil*. 1 de jul., 2006a, p. 2.

_____. "Vale a pena falar mal?". (Rodapé). *Idéias & Livros – Jornal do Brasil*. 29 de jul., 2006b, p. 2.

_____. "De história e literatura". (Rodapé). *Idéias & Livros – Jornal do Brasil*. 12 de ago., 2006c, p. 2.

_____. "Urgências literárias". (Rodapé). *Idéias & Livros – Jornal do Brasil*. 9 de set., 2006d, p. 2.

_____. "Fruição ou prazer?". (Rodapé). *Idéias & Livros – Jornal do Brasil*. 23 de set., 2006e, p. 2.

_____. "Falta crítica à crítica". (Rodapé). *Idéias & Livros – Jornal do Brasil*. 7 de out., 2006f, p. 2.

_____. "Teóricos ou desarmados". (Rodapé). *Idéias & Livros – Jornal do Brasil*. 4 de nov., 2006g, p. 2.

_____. "O que é literatura?" (Rodapé). *Idéias & Livros – Jornal do Brasil*. 18 de nov., 2006h, p. 2.

_____. "O ato crítico". (Rodapé). *Idéias & Livros – Jornal do Brasil*. 2 de dez., 2006i, p. 2.

_____. "O poder do leitor". (Rodapé). *Idéias & Livros – Jornal do Brasil*. 30 de dez., 2006j, p. 2.

_____. "A literatura brasileira exposta com clareza". (Entrevista com Antonio Candido). *Idéias & Livros – Jornal do Brasil*. 16 de set., 2006k, p. 3.

OLINTO, Antonio. *Jornalismo e literatura*. Rio de Janeiro: Edições de Ouro, 1968.

OLINTO, Heidrun Krieger; SCHOLLHAMMER, Karl Erik (orgs.). *Literatura e mídia*. Rio de Janeiro: PUC/Loyola, 2002.

OLIVEIRA, Nelson de. *Verdades provisórias: anseios crípticos*. São Paulo: Escrituras, 2003.

_____. "Uma cajadada no cocuruto da crítica: como nossos críticos tornaram-se reféns da rede de produção e circulação de livros". *Idéias & Livros – Jornal do Brasil*, 25 de set., 2005, p. 1.

PAES, José Paulo. *A aventura literária: ensaios sobre ficção e ficções*. São Paulo: Companhia das Letras, 1990.

PERLOFF, Marjorie. "Do que não falamos quando falamos de poesia. Algumas aporias do jornalismo literário". In: *Inimigo rumor*, v. 12, 2002, pp. 25-45.

PINTO, Manuel da Costa. *Literatura brasileira hoje*. São Paulo: Publifolha, 2004.

PIGLIA, Ricardo. *O último leitor*. São Paulo: Companhia das Letras, 2006.

PIZA, Daniel. "Sobre Machado". *Idéias & Livros – Jornal do Brasil*. 25 de fev., 2006, p. 7.

PORTELLA, Eduardo. "A crítica literária como problema". In: *Dimensões I. Crítica literária*. Rio de Janeiro: José Olympio, 1958, pp. 43-8.

_____. "Apresentação". *Crítica e história literária*. Anais do I Congresso Brasileiro – Universidade do Recife. Rio de Janeiro: Tempo Brasileiro, 1964, pp. v-viii.

RESENDE, Beatriz. *Apontamentos de crítica cultural*. Rio de Janeiro: Aeroplano/Ministério da Cultura/Fundação Biblioteca Nacional, 2002.

_____. *Literatura latino-americana do século 21*. Rio de Janeiro: Aeroplano, 2005.

RICHARDS, I. A. *A prática da crítica literária*. São Paulo: Martins Fontes, 1997.

ROCHA, João Cezar de Castro. *Literatura e cordialidade: o público e o privado na cultura brasileira*. Rio de Janeiro: Eduerj, 1998.

_____. "Poesia, jornalismo literário & crítica universitária". *Inimigo Rumor*, v. 13, 2002, pp. 192-202.

_____. "Em busca do tempo perdido: Jornalismo literário hoje". Recife: União Brasileira de Escritores, 2003 (no prelo).

ROGER, Jérôme. *A crítica literária*. Rio de Janeiro: Difel, 2002.

RUBIM, Gustavo. (org.). *Brazil 2001: A revisionary history of brazilian literature and culture*. Massachusetts: Center of Portuguese Studies and Culture, 2001.

_____. "A poesia, por exemplo. (Bases de acordo para um debate a haver.)". In: *Inimigo Rumor*, v. 12, 2002a, pp. 51-5.

_____. "Poesia no jornal – Notícias da América". *Inimigo Rumor*, v. 13, 2002b, pp. 186-91.

SÁBATO, Ernesto. *O escritor e seus fantasmas*. São Paulo: Companhia das Letras, 2003.

SANTIAGO, Silviano. *Vale quanto pesa (Ensaios sobre questões político-culturais)*. Rio de Janeiro: Paz e Terra, 1982.

_____. "O intelectual modernista revisitado". In: _____. *Nas malhas da letra. Ensaios*. São Paulo: Companhia das Letras, 1989, pp. 165-75.

_____. "Crítica literária e jornal na pós-modernidade". In: *Revista de Estudos de Literatura*, Belo Horizonte, v. 1, ano 1, 1993, pp. 11-7.

_____. *Uma literatura nos trópicos. Ensaios sobre dependência cultural*. Rio de Janeiro: Rocco, 2000.

SCLIAR, Moacyr. Jornalismo e literatura: a fértil convivência. In: DE CASTRO, Gustavo *et al*. *Jornalismo e literatura: a sedução da palavra*. São Paulo: Escrituras, 2002.

SELDEN, Raman; WIDDOWSON, Peter. *Reader's guide to contemporary literary theory*. Kentucky: The University Press of Kentucky, 1993.

SODRÉ, Nelson Werneck. *História da imprensa*. Rio de Janeiro: Graphia, 2002a.

_____. *História da literatura brasileira*. Rio de Janeiro: Graphia, 2002b.

Sousa, Roberto Acízelo. *O império da eloqüência*. Rio de Janeiro: Eduerj/Eduff, 1999.

_____. *Teoria da literatura*. São Paulo: Ática, 2005.

_____. *Iniciação aos estudos literários: objetos, disciplinas, instrumentos*. São Paulo: Martins Fontes, 2006.

Steiner, George. *Extra-terrestrial: papers on literature and language revolution*. Londres: Faber and Faber/Queen Square, 1972.

_____. *Linguagem e silêncio: ensaios sobre a crise da palavra*. São Paulo: Companhia das Letras, 1988.

Süssekind, Flora. *Papéis colados*. Rio de Janeiro: EdUFRJ 1983.

Tardieu, Jean-Yves. *A crítica literária no século XX*. Rio de Janeiro: Bertrand Brasil, 1992.

Travancas, Isabel. *O livro no jornal*. São Paulo: Ateliê, 2001.

Zilberman, Regina; Lajolo, Marisa. *A formação da leitura no Brasil*. São Paulo: Ática, 1998.

_____. *A leitura rarefeita: leitura e livro no Brasil*. São Paulo: Ática, 2002.

Wellek, René. *História da crítica moderna*. São Paulo: Herder, 1967/72, 5 v.

IMPRESSO NA
sumago gráfica editorial ltda
rua itauna, 789 vila maria
02111-031 são paulo sp
telefax 11 **6955 5636**
sumago@terra.com.br

GRÁFICA
sumago